现在，

你不努力让自己过上想要的生活，

那你以后，

就会用大把的时间，

去应付自己不想要的生活。

# 醒脑之书

老杨的猫头鹰 著

我不负责疼爱你　我只想要唤醒你

中国出版集团　现代出版社

# 自画像

我是一个嬉皮笑脸的悲观主义者，一个积极做人生规划的超级拖延症患者；

我是一个内心骄傲的屃人，一个情绪稳定的精神病；

我是一个节制饮食的吃货，一个滔滔不绝的内向之人；

我是一个贪心的熊孩子，一个幼稚的不可爱大人；

我是一个爱慕虚荣的归隐者，一个脚踏实地的理想主义者。

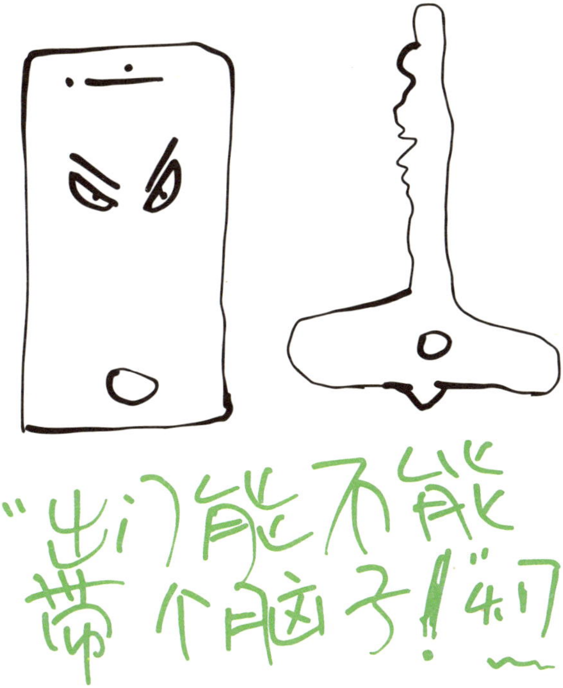


“出门能不能带个脑子！”

by 老杨的猫头鹰

“你算哪根葱？” “我是蒜。”

by 老杨的猫头鹰

三观易碎

by 老杨的猫头鹰

“大爷的，选择困难症。”

by 老杨的猫头鹰

疏影横斜水清浅，暗香浮动月黄昏

by 老杨的猫头鹰

饿

by 老杨的猫头鹰

春风十里吹不动你

by 老杨的猫头鹰

蒙上眼睛，直逼南墙

by 老杨的猫头鹰

# 给读者的一封信

"'醒脑之书'系列过两百万册大关了！你太棒了！"编辑跟我炫耀战绩的时候显得很激动，我一脸狐疑地盯着她，心里隐约觉得会有什么事。

然后，她就开始夸我，夸我有个性不露脸，写得好玩不矫情，贴近现实不做作……

我赶紧打断她："说吧，你想干吗？"

她咯咯地笑，像个演技拙劣的坏人。然后，她从她的双肩包里拿出一摞纸，但并没有急着给我看。

她整理了一下表情，然后对我说："你看，都卖两百万册了，该去做个签售了吧。"

我说："人太丑，不去！"

她狡黠地一笑，又说："那去电台做一期节目吧，只是问答，用嘴就行，丑不丑没关系。"

我白了她一眼，接着说："嘴太笨，不去！"

她又是一笑，仿佛答案早就在她的预料之中，然后接着说："那就再签一万个签名吧，当是纪念。"

我起身就要走，结果被她拦住了。

她把手上的一摞纸递给我，说："那好吧，不去签售，不上电台，不签名，那出一个纪念版的《醒脑之书》总行吧？"

这本《醒脑之书》纪念款就是这么来的。

好吧，为了避免将"致读者的一封信"写成"免责声明"，我还是正儿八经一下下吧。

## [ 关于励志 ]

有几个小朋友问我，关于学习的、交友的、恋爱的、亲情的问题。每一个，我都会在力所能及的范围内，很认真地回答。

之后，他们多数会表现出，"我懂了，很感谢""我明白了，我会努力的"，仿佛瞬间就知道了长大的方法和方向。当然也有是隔几天再问一遍类似的问题，又或者主动来讨骂的。

每当这时，我其实是很忐忑的。因为我很清楚，在这世界上不会有一句话、一本书足够改变你的现状。

真正促使你改变的，是你内心深处对现状的不安、不甘、不满，是你对未来的期盼，是你对亲人的责任感，是你不时地自我反思，以及持续的努力……

而所谓的励志段子、励志书籍，和艺术、音乐、电影、美食一样，更像是一种体验，一种号角，一种宣泄……我们会被某种情绪绑架，充满斗志，或者被某个观点给击中，深深地自我反省。这有点儿类似于火药仓库内划燃的那根火柴，又或者是死气沉沉的冰面上来它一锤子。

但一根火柴能有多大作用呢？得看你的仓库内有多少火药，又或者仓库里装的，别是什么爱豆或空虚幻想……

这一锤子能有多大动静呢？得看你的冰层有多薄，又或者你的冰层，别像你的脸皮那么厚……

道理这种东西，只有你遇到事情了，才能感受得到其中的真善美和合理合法合规，没遇到事情之前，道理更像是一句废话，改变不了什么。这恰好也验证了一个歪理：真正听得进去老人言的人，已经老了。

所以，在此严重地提醒一遍：不要妄图通过一句话、一本书就想变得清醒，就想改变现状。

最懒的活法莫过于：读一读道理，就妄图读懂人生。

还是那句话：从鸡汤中获益最大的，永远是写鸡汤的人。

## [ 关于差距 ]

对我来说，和优秀作者的差距，绝不是在某一份榜单上，我排第九，他排第一。

而是在搜索引擎输入两个名字之后，结果我只有几十页，而他有几千页；

而是在寻找两个人的作品时，发现我只有五十个卖家，而他有五百个卖家；

而是在众多的卖家店铺里，我永远是杳无音信，而他总是榜上有名。

这些差距叠加起来，就是销量和影响力的巨大差别！

这个道理也适用于现实生活，

那些看起来比你成功很多的人，绝不仅仅是看起来比你漂亮一点点，能说会道一点点，努力一点点，文凭优秀一点点，家境优良一点点，好运气多一点点……

还有很多你看不见的差距罢了，但没看见，不代表不存在。

## [ 关于荐书 ]

有不少人让我给他推荐书，我细想了一下，讲几句大实话吧。

真要读书，就去找经典读，买名家的代表作，越经典越有营养，越是代表作越靠谱。比如学校推荐的课外阅读书目，比如评分相对较高的传世作品。

至于像我这样的十八线作者的东西，真心不推荐你读太多。

十八线作者写的东西，很可能是今天这么说，明天那么说。

内容无非是劝你有个性，鼓励你做自己，怂恿你敢爱敢恨，鼓动你撂挑子，刺激你去亮剑……但是十八线作者根本不知道你的真实情况，更不会为你做这些决定的后果负责。

刻薄一点儿说就是：只管杀，不管埋。

另外，看了一篇文章就把全套书都买的人，拜托你看看每本书的介绍和试读。

看了一本书就把全套书都买的人，拜托你也看看其他书的介绍和试读。

选书和选对象一样，你得对它负责。

一时兴起然后爱理不理，和一见钟情然后始乱终弃，何其相似！

## [ 关于失恋 ]

在这个残酷而又美好的世界里玩耍，我们最该修炼的本事是“当断则断”，决定了要芝麻，就该扔掉西瓜。

等到真的是断了念想的那一刻，你就释怀了，就不会再对他有感觉了。

那时候，就算他头戴凤翅紫金冠，身披金甲圣衣，踏着七彩祥云，脑门上贴着“盖世英雄”的标签出现在你面前，你只会觉得他好笑，甚至怀疑：“这人是不是有病啊。”

把想让人同情的情绪都扔了吧，把自己亲手剁碎的自尊一粒粒捡起来吧，只有这样，伤口才能变成精神遗产。

一哭二闹三咆哮，不吃不喝不睡觉，这有什么用。

你就当是，你正在观看一部自导自演的人生连续剧，只是谁都没有会员卡，就难免会有像他那样烦人的弹幕广告。趁这个空隙，去上一次洗手间吧。

## [ 关于人生悲剧 ]

人生的四大悲剧有很多版本：

1. 穷得没钱做坏事，熟得没法做情侣，饿得不知吃什么，困得就是睡不着；

2. 久旱逢甘雨，一滴；他乡遇故知，债主；洞房花烛夜，隔壁；金榜提名时，重名；

3. 见识配不上年龄，容貌配不上矫情，收入配不上享用，能力配不上梦想。

好担心你看完这些，发现自己的人生有十二大悲剧。

## [ 关于梦想 ]

踮起脚尖就能拿到的，根本就算不上梦想；拼老命蹦起来才能碰着的，才勉强算是目标。

需要搬长梯、翻高墙、爬上参天大树，甚至要等很多年的，才算梦想。

换言之，如果你所谓的梦想，都不如别人的随便想想，那么你所谓的竭尽全力，当然也比不过别人的随便搞搞。

## [ 关于标准 ]

历史老师讲秦始皇统一度量衡时很激动，当时不理解："不就用一杆秤，花一种钱，写一种字，这有什么好激动的？”

现在才明白，统一度量衡才有了这巍巍中华，不至于七零八落。

我们个人也是如此：对别人和对自己，最好是用一个标准。

事实上很少有人能做到，更常见的现象是：你是用配角的心态做事，用主角的姿态邀功；用判官的眼光来挑剔，又用窦娥的嘴来抱怨。

羞不羞？

最后，关于这个实验性、纪念款的作品，我只有两个阅读建议：

一、如果你觉得值，那就物尽其用，一定要看完，要回答完，要写完。

二、如果你觉得被糊弄了，觉得都是胡说八道，那就赶紧扔掉。

老杨的猫头鹰

2019 年 2 月 22 日

于辽宁沈阳

我不负责
疼爱你

我只想要
唤醒你

# 想得美

THEME 01

很多普通平凡的姑娘总喜欢做灰姑娘的美梦，希望自己有朝一日也可以遇见自己的白马王子，情投意合，举案齐眉，长相厮守，从此过着富足而体面的生活。可即便你有幸遇见了，然后呢？

王子凭什么接受你那无精打采的脸和无处可藏的肥肉？

凭什么忍受你那一点就着的脾气和空洞无趣的性格？

凭什么会和一个邋遢、懒惰的你厮守一辈子？难道就因为你想得美？

可以很现实地说，感情的世界里，并不是童话故事里渲染得那么纯粹，它很势利。

如果你和对方的差距很大，那么你就免不了要过诚惶诚恐、小心翼翼、不敢闹、不敢纠缠的日子。

如果你连不满的资格都没有，又哪来体面可言呢？

你想要体面的爱情，就得先努力让自己成为一个体面的人。

幸福的路，没有捷径可言。

# 你学了

二十几年的对错
可现如今才明白
现实只讲输赢

# 假装文艺

THEME 02

其实每个人都会有很文艺的瞬间。那一刻，你不想上班、不想结婚、不想愁苦、不想成功、不想拼搏、不想努力、不理睬社会、不关心人类、不要求鲜花赞美、不在乎诋毁，只想放弃一切，听从自己的心，说走就走，奋不顾身。

谁不想呢?

可是社会没有义务惯着你、养活你，哪怕你文艺得飞上天，你总有回到地面上吃喝拉撒的时候。

你是普罗大众，舍弃眼前的苟且就意味着降薪失业，意味着住地下室和吃泡面，而诗和远方就像是沾满蜜糖的毒药，一时痛快的背后，却是长时间的痛心疾首。

什么是文艺?

是穿纯棉的服饰，来一场说走就走的旅行，有很多很多的梦想，读过很多很多的书，有一种乐器专长，还有一场痴情或者长情的恋爱?是习惯随遇而安，最终也是随遇而安?是一定要对着树洞才说出心事，谈场恋爱就一定要山崩地裂?

不是的，真正的文艺青年，是可以对自己的生活负责，是活得独立、有主见。既有热气腾腾的灵魂和不甘于平庸的愿望，也有驾驭灵魂的自律和实现愿望的实力。

诚如作家伍尔夫所言："你想文艺，你就必须要有属于自己的房间，以及 5000 英镑的收入，不然你怎么文艺得起来？" 你看，"文艺"这种病，真不是一般人能生得起的。

真正的文艺是：看起来无所事事，实际上无所不能。

同样是读书，真文艺的人是发自内心地喜欢某本书，并且能读出书中的趣味来，甚至有可能"学以致用"。而假文艺只是将书当成表演的道具。

同样是讲情怀，真文艺的人有让情怀落地的具体规划、具体途径，以及付诸实践的努力和勇气。而假文艺只是将情怀当成表演的旁白。

同样是向往诗意和远方，真文艺的人往往是脚踏实地地为自己找到去远方的方法，并在当下的生活中不断反思、不断沉淀智慧、不断积累，并且有随时去远方的本钱和条件。而假文艺只是将诗意和远方当成了表演的台词。

所以，拜托你别再逢人就摆出一副"我很文艺、我很贤惠"的姿态了，你呀，压根儿就是"闲得什么都不会"！

## QUESTION 丢三落四

你丢过的东西中，最贵的是什么？你错过的人当中，最让你遗憾的是谁？

关于失去，除了命运在挑拨离间，你觉得自己该负多少责任？

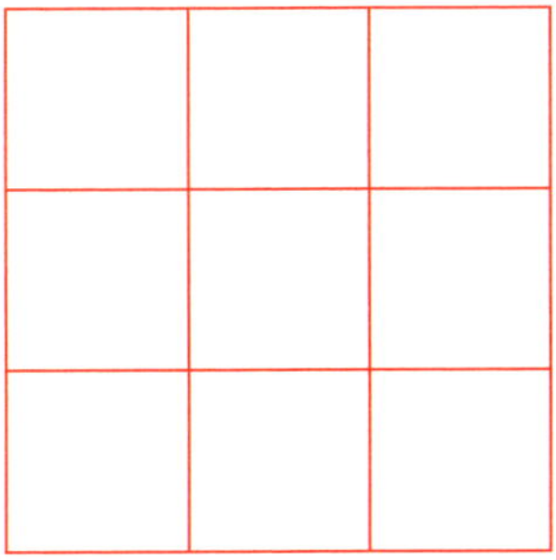

责任比例为九个格子

自己涂色

# 退而求其次

THEME　03

一个人真的不能轻易对生活妥协，你以为是妥协一次，很可能就妥协了一生。而你退缩得越多，能让你喘息的空间就越有限；你表现得越将就，一些幸福的东西就会离你越远。有些时候退一步可以海阔天空，有些时候退一步可能是万丈深渊。

比如你想喝橙汁了，可店里卖完了，那就来一杯桃汁吧；本来想考个更好一点的大学，选个自己喜欢的专业，后来没成功，那就勉强上个一般的吧……

比如碰不到彼此心动的人，便找一个看上去般配的人结婚，可你的心中有了念念不忘的人，再遇见的人就变成了“次”，“次”的就算再好，又怎能填平心中留下的空缺？

再比如你看中了一双鞋，太贵了舍不得买，于是你买了一双便宜的，可是拿到之后，你就会嫌弃它，觉得它设计不够美观，穿着不够舒服。是啊，心里有了最美的那双鞋，其他的就变成了“次”，次的再便宜，又怎么能弥补内心的遗憾？

你一直以为妥协一些，将就一些，这个世界就会为你让出一席之地，但最后除了失去更多，除了怨念，你什么都不曾得到。而且你会慢慢地发现，每一次的妥协背后，都有一个真实的目的：或是害怕失去，或是息事宁人，或是不愿付出……

当你以为降低标准可以更容易地得到自己想要的结果时，你就注定会得不到想要的。

你所设定的底线决定了你不会失去什么。一旦你丧失了底线，很快就会溃不成军，你所在乎的东西，也会跟着一样样地失去。

你得逼自己一把，才能看到更多的可能性！

如果一万个不甘心，也没换来一次“试试”，那你就活该后悔。没有任何一种逃避能得到赞赏。

不要轻言放弃,但凡有了第一次,你的人生就会习惯性地知难而退，可是如果你克服了，你的人生则会习惯于迎风破浪。这看着只是一个简单的选择，其实影响非常大，它带来的是截然不同的人生。

# QUESTION 好久不见

此时此刻此地，你最想跟谁说一句“好久不见”？

如果由你来安排一次“好久不见”的见面，你会选择在哪里？

穿什么衣服？带什么礼物？除了“好久不见”，你还想说什么？

# 该说的说
# 不该说的
# 小点儿声说

# 怀才不够

THEME 04

所谓“怀才不遇”的人只有两类，一类是不懂得自我推销的人，这类人把自己埋在土里，等人来挖掘和赏识；另一类是不够优秀，不够努力，却自以为很优秀。

我想说的是，你总得做出些成绩，才能让人觉得你是人才啊！如果你总是被质疑，被否定，那么请你反问一下自己，到底是“怀才不遇”，还是“怀才不够”？

总不能，才看了一天英语课本，明天考六级就要好成绩吧？总不能，今天跑了三公里，明天上秤就希望能瘦十斤吧？

要知道，任何明显的改变，都需要时间的累积，需要一步步安静地努力，需要一点又一点“不那么明显”的付出，才能换得。要懂得，那些看起来光芒四射的人，他们一定是在黑暗的角落里暗自使劲，付出了许多无人问津的努力。

这世上，本就没有毫无理由的成功，即便是孙猴子，也是经历了几千几万年的风吹雨淋，才有了那石破天惊的横空出世。

当一个人陷于低谷，觉得世界上没有人理解自己、认可自己的时候，或许更应该想一想，到底自己有没有足够的努力，是否拥有足够的实力。

如果你不发光，别人哪有闲心在暗夜里去寻找你？如果你的光亮太暗，别人又凭什么要在那浩瀚星空里发现你、关注你？

如果你自己不能展露光芒，就别怪别人没眼光。其实，每个人都是一盏灯，它的瓦数是由你的实力决定的。可如果你一直都没有光，谁又会把你当盏灯呢？

所以，当你不被认可的时候，就请安静地努力吧，别抱怨，更别动不动就说把一切交给时间，时间才懒得收拾你的烂摊子。

相信我，是金子总会发光，你还没发光，是因为你的纯度不够；怀才不会不遇，而是你怀的才太少。

## QUESTION 踌躇满志

小时候的梦想是什么? 现在的梦想是什么?

做过的计划有哪些？

□ 计划一/

□ 计划二/

□ 计划三/

□ 计划四/

□ 计划五/

□ 计划六/

□ 计划七/

□ 计划八/

再问一下自己，计划是因为太难，所以没完成，

还是因为没完成，所以显得特别难？

# 假装努力

THEME 05

曾几何时，你心比天高：单枪匹马也敢闯江湖，满脸痘印也敢秀恩爱，遇挫了会内心呐喊“世上无难事，只怕有心人”。

如今呢，伸手怕辜负，缩手怕错过；在喜欢的人、事、物面前，只能摸摸肚腩，酸酸地说“物以类聚，人以‘穷’分”。

曾几何时，你七窍玲珑：说人生既需要高瞻远瞩，也需要鼠目寸光。说“高瞻远瞩”能为你指明方向，说“鼠目寸光”能让你活在当下。

可在后来的现实生活中，你在该努力的时候选择了“高瞻远瞩”，还大言不惭地说“我想要的，岁月早晚都会给我”；又在作人生抉择的时候选择了“鼠目寸光”，还不知羞愧地讲“人要活得现实一些，别整那些虚头巴脑的东西”。

我唯一能说的是：天赐食于鸟，但绝不投食于巢。

时常听到有人抱怨说：“我每天都是第一个到公司的，几乎都是最后一个离开的，而他每天都是掐着点来，掐着点离开。论勤奋程度，我甩他几条街。论个人能力，我也绝对不比他差。为什么老板就是看不到这一点，反而提拔他了呢？”

或者有的家长嘀咕过这样的忧虑：“我家孩子学习特别刻苦，几乎每天都要学到晚上十一二点钟，但成绩就是不上不下。甚至有些原来成绩不如他，也远不如他勤奋的同学都纷纷反超了他。”

为什么会这样？明明付出了比别人更多的努力，但别人似乎就是看不到，甚至老天爷也没看到，没有给予相应的回报。

任何不做计划的“努力学习”，都只是作秀而已；任何没有走心的“自强不息”，都只是看起来很努力。

看起来很努力的人总喜欢把自己少得可怜的忙碌进行浓墨重彩的渲染，以塑造自己自强不息的奋斗形象，而对懒惰的部分避而不提，或者是遮遮掩掩地找理由。等到月末年终，当他们惊讶地发现自己的成绩、职业发展仍是停滞不前，甚至每况愈下时，又免不了怨天尤人：“我天天这么忙，为何还是混得这么惨？”

骗观众的点赞容易，骗自己很忙更容易，只是，骗这个世界的因果有点难。

忙碌是做事的表现，是成功的基础。然而，忙而无功、忙而无益的忙，就是白忙、空忙、瞎忙。

## QUESTION 天马行空

如果你能穿越到原始社会，你会带什么同去？

如果你能穿越到未来世界，你最想看到什么？

# 抱怨不公平

THEME　　06

常常听见有人说："世界太不公平了，为什么我不能像她那么瘦，为什么我不能像他那么帅，为什么他面试的那道试题那么简单，为什么他遇见的都是好人？为什么他是富贵人家的翩翩公子，而我是普通百姓家的自卑少年？"

当不公平的现象激怒了你，当你四处高喊"我需要公平"时，请先问问自己，如果占便宜的是你，你会抱怨自己占便宜了吗？

换句话说，你要的公平，只是在怨悔自己没能得到而已，只是希望得到的比付出的更多一点罢了。诚如韩寒说的那样："痛苦来临时不要总问：'为什么偏偏是我？'因为快乐降临时，你可没有问过这个问题。"

事实上，从出生开始，每个人都会面对各种各样的不公平。人的一生，就是用尽自己的全部努力，将这本来倾斜的世界慢慢扳平的过程。

自身条件不够好，要么就努力改变自己，要么就学会自我解嘲，有的人偏要跑到"高富帅""白富美"的面前叫嚣："有钱你就了不起吗？""长得好看又怎么啦？""你这种人不懂生活的艰难！"

穷和丑不可怕，可怕的是倚穷卖穷，倚丑卖丑；活得艰难不可怕，可怕的是活得难看，还想让别人也一样活得难看。

不公平的怨念会毁了你。

首先，它会用“不平衡”的心态阻碍你去思考，并且为你准备好一个不用付出全部努力却能心安理得的理由。

然后，它会一步步把你带进懒惰的深渊里，再给予你抨击社会、权贵的乐趣，让你失去自省的能力。

最后，你便陷入了自怨自艾和自怜自哀的恶性循环之中。

它还让你觉得“任何付出都是浪费”。这股怨念变成了蒙眼布，让你在机会面前、在运气面前无动于衷，只会抱怨道：“瞧瞧，多么不公平的世界！”

所以，你要趁早停止对“不公平”的抱怨，脚踏实地地让自己强大起来。否则的话，生活会锋利得像一把刀，当它砍过来的时候，你如果还没准备好坚硬的铠甲，就等着被劈成两半吧。

# QUESTION 爱人和仇人都会老去

如果有机会和你暗恋的人困在电梯里，你会做什么？

如果跟你讨厌的人困在电梯里，你会怎么做？

# 把自己当弱者

THEME　07

在我们的生活中，有这么一类人：他们把自己标榜为弱者，永远是一副“我是弱者，我现在需要，所以你就得给我、就得帮我”的姿态。如果你拒绝我，那就是你自私，就是你冷漠，就是你丧尽天良。

如果你不满足我，我就会捶胸顿足地表达委屈：“为什么？为什么对我这么不公！”好像这个世界，是因为有人没有帮助他们，才变得如何冰冷和现实的。

他们从来都没有想过：自己想要的，别人凭什么要给他？他们永远在强调自己缺什么，然后不管不顾地去跟人要，要不着，就认定是对方没人性，不厚道，又或者抱怨世界太黑暗，社会太现实……

没错，你确实不如别人生下来就有豪宅名车、英俊貌美、高贵富有；不如别人天资聪颖、机智练达；不如别人身体健康、人见人爱；你卑微、贫穷、笨拙，可你终究只是一个弱者，这又有什么了不起？

弱者只是你实力的注解，并不是用来要挟这个世界的道具。

弱者不是你向全世界无限索取的理由。即使别人因为你的弱势

而施舍给你想要的东西，那也仅仅是施舍而已。

弱者更不是你自怨自艾的资本，而应该是你“变强”的动力。因为你比那些生下来就受万千宠爱的强者要弱势得多，所以你就多了一份可以去闯、去改变命运的机会。

当你终于变强的那一天，你就会知道，为什么有些看似成功的人，不会轻易地帮助你，不是因为他们抠门，而是因为他们懂得：如果一味施舍你，你就会永远是个乞丐。

这个世界不会弯腰来迁就你，就算你无尽地坠入谷底，也不要觉得理所当然地会获得同情。

现实的世界里，你想要的物质或感情并不是高处的水塔，你把自己放在更低的位置，它们就自动地流向你。它们更像是水井里的水，你得付出辛苦去挖、去建设、去积累，然后再靠力气，才能把它们打上来。

在跪着的人

眼里

站着的人

都是异类

就像在笼子里
长大的小鸟
会以为飞翔
是一种病

# 假情怀

THEME 08

你连生活自理能力都没有，拿什么过“归隐山林”的生活？

你连两位数的加减法都有困难，凭什么说“读书无用”？

你连在大马路上问个路都扭扭捏捏、不情不愿，哪来的资格笑话别人活得“浮夸俗气”？

没有实力，“假情怀”就会枝繁叶茂；没有行动，堕落就会生根发芽。时间越长，根就扎得越深，到时候想站起来都是件很困难的事儿。

实际上，没有实力的情怀，就等于自欺欺人。

当你给压力、责任、负担这些东西穿上“情怀”的外衣，你就会感到前所未有的舒坦。因为假情怀会把你的不行、不能、没机会都变成不屑、不值、无所谓。

比起“睡得比狗晚，起得比鸡早，干得比驴多，吃得比猪差”的辛苦，以高姿态“视金钱如粪土”，当然会异常轻松。

比起“修身养性、严格自律”的艰难，以傲娇的语气说“我要活得任性”，当然会非常舒服。

比起“焚膏继晷、废寝忘食”的折磨，以自满的态度说“平平凡凡就是真”，当然会显得尤为与众不同。

你穿着“情怀”外衣，用这种廉价的精神鸦片来麻痹真实的自我。而掩藏在这件外衣里面的，是你一事无成的耻辱，沉溺现状的焦虑，面对责任的懦弱，认清现实的惶恐，吹弹可破的虚荣，苦心经营的体面……

可是，在这些轻松、舒服、与众不同的背后，是你对问题的逃避，对虚荣的向往，对努力的排斥，对侥幸的期盼。

于是，你厚着脸皮，对明摆着的无能为力说“我不想要”；对着不学无术的懒散说“我只是不想和别人一样”。

在情怀成为“全民偶像”的今天，尤其需要区分情怀的“真伪”。真正的情怀，绝对不是无能、懦弱或逃避，而应该是实力、勇气和担当。

实力不行，不仅没资格谈情怀，连愤怒、尊重都没法享有。

一个人最好的状态，就是让你的本事配得上你的情怀。这时候，你既可以脚踏实地，又可以仰望星空，从容不迫地与岁月相处。

## QUESTION 孤独患者

你觉得猫、狗、盆栽、观赏鱼能听懂人类说话吗?

你跟它们说过话吗? 说了什么?

孤独的时候，你会做些什么?

有没有想过，自己可能会孤独终老?

# 怕被人利用

THEME 09

在生活和工作中，我们总是提防着别人。害怕自己的财物被人盗走，害怕自己的创意被人窃取，害怕自己的隐私被人侵犯……于是防盗门、防盗锁、手机密码、文件夹保密等层出不穷。

是的，保护自己的东西无可厚非。可有一些人，明明兜里一分钱都没有，偏要准备最高级的保险柜；明明屋里一点儿值钱的东西都没有，却要给房门上八道锁；明明脑袋里空无一物，还做出“防贼防盗防记者”的自保姿态。他没想过，自己有什么值得别人“图谋不轨”的。

如果你对别人来说是一个没价值，或者价值不大的人，那么想必别人对你的兴趣也不会太高，这不是“势利”，而是一种需要。

人与人的交往也是建立在相互利用的基础上的。即使纯粹是谈得来，也已经利用了彼此的时间和精力，换取欢笑的一场闲聊。

生活和工作中，许多人原地踏步，许多人落伍，许多人衰老，许多人隐退，甚至是被淘汰，他们往往更多的是抱怨社会和生活，然后在绝望和失落的情绪里，说些世态炎凉的话，再数落着命运的偏心。只是他们很少去想，原来是自己已经没用了。

所以说，不怕被利用，就怕你没用，没用也就罢了，可怕的是，你不愿意承认自己已经无用了，还要求别人像以往那样重视自己。

没人利用你，没人在乎你，这只能说明两个问题：一个很美好——你身边的人都比你优秀；一个很残酷——你在别人眼里毫无价值。

QUESTION

# 学会自嘲

你觉得自己身上最好笑的点是什么？

别人嘲笑你的时候，你最恼火的是什么？

你真心觉得自己很好笑的事情是什么？

# 不进则退

THEME　10

有些人以为过去有功劳、有成绩、有地位，就躺在过去的功劳簿上混吃混喝；

有些人以为过去的做法有效果、过去的套路能够行得通，就开始变得毫无新意、落入俗套；

还有一些人自以为成绩、能力还能应付当前的工作，就停止努力，得过且过……

这样的人，迟早会被赶超、淘汰。

这就好比说，你高中时候的努力只能帮助你考上理想的大学，并不代表你能有一份好的事业；

你实习期的突出表现只能帮你留下来，并不代表你日后的工作也能一帆风顺；

你昨天的努力只能帮助你登上荣誉榜，但它无法保证你明天的辉煌。

所以你每一天都得努力。

别忘了，成绩和荣誉只是属于过去，老本总有吃空的一天。你不进步，就是退步。

付出不一定
有回报
更不会马上有回报
你又不是钟点工

# 想要尊严

THEME 11

我问过一个“白富美”为什么要努力挣钱，她说不是每个男人都配让她花他的钱。

我问过一个“高富帅”为什么还要健身，他说是为了跟那些插队的二货讲没用的道理。

原来，只有当你既努力又有实力的时候，你才能活得更有尊严。

家境好的人，有爸妈铺好华丽的金砖大道；

相貌好的人，会有恋人鞍前马后尽献殷勤；

运气好的人，会有贵人相助而平步青云。

而你什么都没有，没什么家庭背景，没遇到贵人，也没读什么好学校，你没有实力又想要尊严，那么除了努力，你别无他选。

既然已经这样，你低眉顺眼给谁看？你自怜自卑给谁瞧？反正这个世界是没有办法被“空谈”“空想”讨好的。

尊严这种东西，塞进荷包里，买不了东西，放在货架上卖，也值不了几个钱，却是每个人唯一值得拥有的东西。

尊严是和欲望成反比的，如果你想得到一个东西，你就会变得低三下四、死皮赖脸，而当你对眼前的人和物无动于衷的时候，尊严就会在你的心中拔地而起。

只有当你有了财务上的自由，才能有选择上的自由，也才会有人格上的自由。所以那些不努力、混日子的人，被人念叨、被人指责、被人歧视，纯属活该。

我想对所有女生说，如果你的银行卡里连个奶瓶钱都没有的话，那么你就别奢求什么尊重，尊重得靠自己去挣。

我想对所有男生说，如果你不努力，就没资格对姑娘说“爱情至上”，只有不缺钱的人才有底气去要纯粹的爱情。

## QUESTION 如果可以

如果你的嘴巴可以使用一次撤回功能，

你会撤回哪次对话中的哪句蠢话？

如果你的人生可以使用一次撤回功能，

你会撤回哪个年纪的哪件傻事？

QUESTION

# 无忧无虑

想象一下，假如你所有的愿望、需求、负担、兴趣、感觉
和悲哀统统没有了。
你不会觉得饿，不会觉得困，甚至不会有喜怒哀乐，
你对什么都没有兴趣，也不好奇，没有渴求的东西，也没有任何担心……
你想要这样的“无忧无虑”吗？

想象一下，假如放弃所有的欲望、贪念和冲动，
能让你像乌龟一样活几百上千岁，你愿意吗？

# 又是重在参与

THEME　12

别人在熬夜学习的时候，你躺在被窝里玩手机，我问你怎么不去看书，因为考研已经迫在眉睫了。你用被子捂住脑袋，低沉地回了一句：“今年考不上，明年再考呗，考试不就是重在参与？”

别人为了找工作，努力准备各种证书，做简历，总结实践成果，你在认真地看连续剧，我问你怎么不出去试试，因为你身边的人都找到了不错的工作。你被剧情感动得泪眼模糊，哽咽着回了一句：“这次没赶上，下次再去，面试不就是重在参与？”

别人加班、吃泡面，工作没完成的时候折腾到一两点，你心安理得地把工作留到第二天，吃得好、睡得好，效率比别人差了不知道多少，我问你怎么不加把劲，因为领导正准备提拔一两个人。你专心致志地刷着朋友圈，回了一句：“今年选不上，明年选呗，评优不就是重在参与？”

在我们身边，有多少人是在考试前一个月心想“争取第一”，在考试前一星期变成了“努力就好”，最后在考试过后自我安慰说“重在参与”。有多少人，在初入职场的时候胸怀大志，在工作期间默默无闻，最后变成了碌碌无为？

这些人有一个共同的特点，他们都相信同一种论调：“只要过程努力了，结果并不重要。”这样的人，看似不在意结局、成败，他们总觉得自己输得起。

可实际上，是他们不作为、不努力，然后自我催眠，说一切现状都是正常合理的。等到青春所剩无几的时候，他们又开始忐忑不安起来，开始害怕来不及去过自己想要的生活。

重在参与的人，大部分从来没有想过完全投入一件事。他们是“差不多”先生或“来得及”小姐，总是觉得参与过就好、有经历过就好，他们觉得时间有的是，任何想要的东西都会自然而然地来到。他们以“分享别人的荣耀”为乐，却忘了自己一无所获。

很多时候，正是因为你的要求太低，欲望太浅，或者语气太温顺，所以命运才索性什么都不给你，结果你一无所有。

重在参与的心态会毁了你的热情，还会抹杀你的努力。它让你既配不上自己的野心，也辜负了所受的苦难。

更要命的是，没尽全力的努力，意味着你既不能随心所欲地玩耍，又要对未来提心吊胆，纯粹是吃力不讨好的事。

一旦当你人为地降低了结局的重要性，你就会比别人少一份努力。你以为没差多少，可正是这看似不多的区别，会造就两种完全不同的人生。

请醒醒吧，在这个充满竞争的世界里，比赛从来都是强者的游戏，只有弱者才整天把“重在参与”挂在嘴边。

世上只有成功了的人才有资格说结局不重要。如果你无法呈现出一个让人满意的结果，那么，无论你如何强调过程中多么辛苦、多么努力，都不会有人同情你。任何事，唯有把它做完了，才能显示出你做得有多好。

千万不要相信旁人对你说的“结果不重要”这种话，因为你一旦真的搞砸了，批评、嘲讽、蔑视会源源不断地朝你袭来。

# QUESTION 双重标准

假设你有一个熊孩子，带他逛街的时候，

他弄坏了一块价值 8 万人民币的名表，你会怎么惩罚他？

如果你是这个熊孩子，你希望爸妈怎么对待自己？

假如你很喜欢吃油炸食品，

一个你讨厌的人对你说“那不健康”，你做何感想？

如果是你喜欢的人这么对你说，你又做何感想？

你是否支持名人免试进入名校？

如果你是名人呢？

# 玻璃心

THEME 13

每个人的身边总是有那么一两个玻璃心人，一碰就会碎。

比如在你忙得昏天暗地的时候，他来请你帮忙，“给我朋友圈点个赞呗”“帮我转发一下呗”……你若是忙得没时间点赞或者转发，等你忙完了再去回复他的时候，你可能得到的信息是“×××开启了好友验证……”

是的，你被拉黑了。对玻璃心人来说，“任何情况下的不回复”都是一种绝交行为。

比如你拉几个好友聚会的时候，你肯定会和其中一两个聊得多一些，坐得近一些。这时候他要是和你聊几句，如果没能插上话，等你和别人聊完了再找他聊天时，他肯定是一副爱搭不理的样子。

对玻璃心人来说，如果别人不是“极度重视自己”，就是“极度不在意自己”。你的一个表情、一句“来不及”的回复都像是打在他胸口上的“寒冰掌”！

还有一种玻璃心人是，在帮别人的忙时，比服务自己更加谨慎，甚至觉得是本分，自己却从不敢麻烦别人。这类人逐渐演绎成靠帮助别人来维持友谊，随时担心感情崩溃。

只是他不明白的是，人和人之间想要保持长久舒适的关系，靠的是共性和吸引，而不是捆绑、奉承和一味付出以及道德式的自我感动。

玻璃心是病，它生在一个人内心的禁区上，别人一个不留神，它就血流成河了。

我想对你说的是，不要像个小孩子一样，时时刻刻期待别人照顾你的情绪。小心有一天，到了你自己也烦你自己的时候，你的人生就真的完蛋了。

做人不能玻璃心，玻璃心是没有未来的。

过分脆弱的情绪，怎么有资格出席生命的狂欢?

不要在二十几岁
的时候就活出了
五六十岁的疲态
不要在本该奋斗的年纪
选择了安逸

# 把懒惰当时尚

THEME 14

在朋友圈、微博中常看到类似于这样的言论：

“美好的一天，从赖床开始。”“一天从中午开始，早饭从午饭开始。”“三十双袜子都用了一遍，懒癌已到晚期！”

“只要胆子大，天天寒暑假。”“人有多大胆，复习拖多晚。”“努力不一定成功，但不努力一定很轻松。”……

谁要是说你一句“懒猪”，你兴许还会觉得自己很可爱吧！

在青春的掩护下，颓废看似是勇气，懒惰是反抗，空虚是性感，可是当青春不再时，岁月就露出了原形，于是颓废成了堕落，懒惰变成了罪恶，空虚成了耻辱。

很多人被“懒”击倒在地，然后把懒当作“时尚、年轻”的标签，以此来与老年人划清界限。一旦有人抛出了一种“懒”的言论，便会马上引来大家的认同，似乎一下子找到了组织一样。

张嘴闭嘴就自称是“懒癌晚期”，朋友圈里隔三岔五地“炫耀”自己抑郁、拖延、失眠……有意义吗？

实际上，你的抑郁症是矫情，你的拖延症是懒，你的强迫症是闲的，你的失眠是根本不困！

谁都知道偷懒很舒服，也知道混吃等死地过日子很轻松。那么，就请你趁着年轻大胆去懒，继续去混吃等死吧。反正，等你七老八十的时候，当别人都在端着茶杯、拿着报纸晒太阳的时候，你可能就在不远的地方，为着生计卖茶叶蛋呢！

那时候，估计你就能感觉到脸颊隐隐发热，因为时光终会给懒人一记响亮的耳光。

归根结底，生命是你的，对你负责的只能是你，纵使再亲近的人，也无计可施。

向前、向上的路通常是难走的，但你也只能独行。你会无数次想到退缩，无数次受到打击，你像去鹰群里抢食的小鸡，每一天都惶恐不安，害怕被吃掉，日子一天天过去，终于有一天，你发现自己变成了鹰。

如果你不肯努力，又不肯冒险，你就永远没资格对这个世界指手画脚，就永远不要觉得这个世界欠你什么。

## QUESTION 过眼云烟

你还记得你大学寝室的电话号码吗?

你和前任是因为什么分手的?

前任教会了你什么?

你是如何处理前任留下的、送你的东西的?

# 不强更累

THEME　15

上学的时候，是敷衍度日，勉强毕业，还是争分夺秒，专业、社交哪项都不能落下？

毕业前夕，是选择虽然辛苦却自己喜欢的工作，赌一个也许更好，却不确定的未来，还是随便找一份工作，平淡安稳，聊以度日？

工作数年，当新鲜劲散去，是坚持不懈、再上新台阶，还是回到家乡，做一个清闲的人，然后享受岁月静好？

有人会说："不必太要强，轻轻松松的不也挺好吗？"但试问一下，落入平凡的不强大、不优秀，就会真的过得好一些吗？

在大家都说工作难找的时候，为什么总有一些人有一大堆的机会可以自由选择？

在大家都说钱不好挣的时候，为什么总有一些人有一大堆赚钱的项目和方法？

在大家都说职场黑暗、升职不易的时候，为什么总有一些人可以平步青云？

换个角度来说，当别人轻松地在一堆职位里挑挑拣拣的时候，其实轮到你累的时候到来了。

当别人在职场上风生水起的时候，也许你正在如履薄冰！

当别人赚得盆满钵满的时候，也许你在嘀咕自己薪资太低，上升空间有限！

你说，不强，是不是更累？

当你不够强时，你发的一切飙和牢骚，你落的任何眼泪和汗水，在别人看来都只是个笑话。

那么，变强辛苦吗？答案是肯定的。但是唯有强大了，你才可以选择你想做的事，去你想去的地方，过你想要的生活。

强大，意味着你在一个团队里有优先的选择权，在职业生涯里，你可以尽可能走那些有效的路，而苟安于那些暂时看上去不累的工作，到最后失去的却是最重要的——选择的权利。

强大，意味着你在同样的人生里有更多的自主权，在生活中，你可以尽可能选择自己喜欢的东西和生活方式，而那些暂时过得轻松、舒适的人，到后来失去的却是最珍贵的——自由。

如果你懒惰、拖延，那么以后你就要付出更多。相反，你变得勤快了，优秀了，你身边的环境也会跟着优化。

退一万步说，只要你愿意努力，那么你人生最坏的结果，也不过是大器晚成。

# QUESTION 欲言又止

聚会的时候，你突然不说话，

是因为交流太困难，还是被某人惊艳到了？

如果是别人突然不说话，

你认为他是内向，还是有心事，还是有情绪？

# 没有功劳谈苦劳

THEME　16

一位美国企业家曾说过这样一句话："不要告诉我分娩有多么痛苦，把孩子抱来给我看看。"

是的，你再辛苦、再不容易，和所有小伙伴一起起早摸黑、加班加点地捏出来一个泥娃娃，拿到市场上，对客户说："这是我们鏖战、流汗打造出来的，尽管功能有点欠缺，质量不尽如人意，鼻子有点歪，脸有点丑，但是，既然我们造出来了，你们就应该买回去。"

有这样的道理吗？

你是个加班狂，每天七点半就到公司，吭哧吭哧地干到下午六点下班。出去吃个盒饭，回到公司接着拼命到半夜才回家。这样是很辛苦，但这不叫功劳。

你每天早起晨跑、读书、冥想，心里梦想着做个有趣、有情调、有追求的人。这样是很酷，但这也不叫功劳。

功劳的构成，无非是任务完成的"数量"和"质量"，也就是"你做了多少"和"你做得多好"，与你流了多少臭汗、上了多少小时的班没有半点关系。

当你“努力”了一天却没有像样的结果，那你今天对公司的贡献就是零。“任务能否完成”是基数,“努力”是系数。残酷的事实是，当基数为零时，系数再大也没有任何实际价值。

试想，如果成龙没有那些好作品，他一身的伤还有意义吗？如果爱迪生没有找到钨丝，那他之前的上千次失败，还有谁会去在意？

你要记住，“没有功劳也有苦劳”这是庸才说的话，优秀的人从来都是用结果来证明自己。

# 觉得别人炫耀

THEME 17

有个段子说："最大的善良，就是别人挨饿的时候，你吃肉不吧唧嘴巴。"

换个角度就是："别人对你最大的善良，就是你挨饿的时候，他吃肉不吧唧嘴巴。"可问题是，他不吧唧嘴巴，你就不饿了吗？

如果善良只是让人安心地挨饿，那它的意义就太扭曲了。难道不能是，你看到别人吃肉的时候，也去努力找肉吃吗？虽然一时半会儿可能很难，但不去找，不去朝着那个目标努力，那你就永远没肉吃。

人是一个奇怪的物种，有时候生气的原因，不是自己挣得少，而是别人挣得多。你在乎的不是自己有什么，而是跟别人比，自己没有什么。

于是，你判定一个人是否在炫耀的标准，不在于他的真实情况，而是你自己的实际情况。然后，你对此愤怒，或者悻悻地说："我想要的我都弄不到；你都有了，还抱怨你的太少，你也太能装了吧！"

可问题是，当你银行卡里面的存款，能够让你买个 iPhone 像买头蒜一样轻松，你自然不会觉得秀 iPhone 的人是在炫耀。但是，对于那些需要卖肾来买 iPhone 的人来说，就是显摆，何止是显摆，简直就是晒肾。

换句话说，并不是“越缺什么，才越炫耀什么”，而是“你越在乎且不屑别人所炫耀的，就越是你想要的”。

与其每次面对别人的炫耀，表现出“不爽”和“愤懑”，甚至憋出内伤，还不如好好利用这些黑暗能量，刺激一下浑浑噩噩的自己，更努力地工作，更刻苦地学习，更认真地化妆，更起劲地减肥……这样，你不仅逃离了无休止的精神折磨，还有更多的机会去缩小和别人的差距。

看到别人的生活，能理解；反思自己的生活，能自省。哪怕别人真的是在晒，你也要能把这份“羡慕嫉妒恨”转变为促使自己努力的力量，这才是最有意义的。

不要在苍蝇面前拉屎，因为对它来说，会觉得你是在炫富。真心希望，这只苍蝇不是你！

## QUESTION 如果两难

如果你需要做一个心脏移植手术，现在有两个选择：

一位医生医术高明，但谎话连篇；

另一个医生没那么高明，但诚实可靠。

你会选哪个？

如果你犯了重罪需要请一位律师，现在有两个选择：

一个是辩论高手，但谎话连篇；

另一个没那么厉害，但诚实可靠。

你会选哪个？

# 怕就怕你太天真

遇见了身份不明的感情
就冲动得像海鸥捕食那样
一头扎进水里
全然不顾生死

# 急着要回报

THEME 18

人不成熟的第一个特征，就是立即要回报。他不懂得只有春天播种，经过夏天的成长，到秋天才会收获。

在职场或者生活中，很多人刚刚付出了一点点，就想马上得到回报。才跑了三天步，就想要马甲线条的身材；才看了五天书，就想在考试成绩上突飞猛进……

总是想用最短的时间成功，用最短的时间减肥，用最短的时间变漂亮，用最短的时间学会一门技能，用最短的时间练出肌肉。

要学一样东西，总是火急火燎，巴不得一个月就有奇效，因此他加班加点，不断透支身体，把所有的享受都摒弃，把生活弄得兵荒马乱，把自己弄得疲惫不堪。而他还自称上进、有追求，想成为职业达人，想在某个行业取得成绩……

真相却是，他因为等不及，总是试图用最少的时间，最少的努力，得到最好的结果。而结果，要么是累得鸡飞狗跳，忙得连顿饭都没时间吃，连家人都没时间陪，要么就是实在坚持不下去，中途放弃了。

其实，任何事情都不可能一蹴而就，如果你偏要一个月减肥成功，

偏要一个月背诵一万个单词，偏要一个月写一百万字，你肯定会焦头烂额，结果注定是无疾而终。

只有长久的坚持，才是真正有意义的。你一天背一百个单词，今天累到吐血，然后用一周的时间休息复原，跟每天背二十个单词的人比起来，谁更轻松？谁更容易坚持？谁学得更多？

付出不一定有回报，更不会马上有回报，你又不是钟点工！

# QUESTION 没羞没臊

你觉得两个人在一起，

是喜欢重要，还是合适重要？

你是如何区分“一往情深”和“死缠烂打”的？

# 忘恩负义

THEME 19

除了伸手要钱，你还为父母做过什么？嫌弃生活压力大，嫌弃学习任务重，嫌弃他们啰唆，还有别的吗？

你说自己坐车回家很累，放下东西就什么也不干，可是他们干了一天的活儿，仍要为你做饭菜。在学校，没有生活费了，你才想起给家里打电话，开口便是要钱。

最过分的是，你用着他们给的生活费，大肆挥霍，买了这个又要那个，还花得心安理得；

而他们用着自己挣的钱，分分计算，担心你的生活费不够用，竟还要花得小心翼翼。

你看，最后你是把生活过成了诗，却让父母活在了水深火热之中。

都说儿女是前世的债主，今世是来讨债的。但你该知道，根本没什么前世今生。他们把世上最宝贵的东西送给了你，他们才是债主，而你才是欠债的人。

生活免不了难处，若你不觉得难，那你要明白，一定是有人替你抵挡了那些难。

这个世界很残酷，努力不一定有结果，但是不努力一定没结果。

更残酷的是，如果你选择了偷懒，命运就会安排另一个人替你受罪。

所以，你不努力，就是自私！

你之所以要非常努力，是为了让自己成功的速度，超过父母老去的速度。

你呀，不仅是要和自己赛跑，还要和时间赛跑。你得尽快让自己变得优秀起来，趁着报恩，趁着相爱，还来得及。

请你尽快停止那些不劳而获的幼稚的幻想，放弃那些毫无根据的岁月静好，你要努力，要折腾，要风雨兼程，这样才对得起那些和你选择一条船、陪你长大和前行的人。

## QUESTION 拜托拜托

你相信有神仙吗?

如果不信，在考试之前，在天灾人祸面前，你祈祷过吗?

如果你并不了解某个热点事件，但为了吸引关注，

你会胡编乱造吗?

# 指指点点

THEME 20

不管你选择什么样的生活方式，都会有人指指点点。

生活中，你坚持的一切，也都会有人看不惯，他们在人前或者人后，带着看热闹的心态，也带着不满、嘲讽、忌妒、不屑……

在这些人眼里，结婚是错，不结婚是错，生小孩是错，不生小孩是错，老少配是错，整容是错，有钱是错，没钱更是错……他们就像是北极地区的因纽特人，在拼命教育非洲居民，如何在雪堡里生活！

很多情况下，你做到了A，就会有人问你为什么没有做到B；你做到了B，又会有人问你为什么没有做到C。

你皮肤不好，人家就会有意无意地叫你护理肌肤；你工作不顺利，别人就会主动向你传授一些工作技巧；你单身好几年，自然就有人向你灌输各种人生观、价值观，以及近乎炫耀的“恋爱技巧”……

那么，为什么有的人怕人批评指点，而有的人根本不在乎别人的指指点点呢？归根结底落在一件事情上，那就是“实力”。

你越差劲的时候，对你指手画脚的人会更多！因为你个子矮啊，随便哪个高个子轻轻松松就可以戳你的脑门。

所以，与其将时间浪费在与那些喜欢“吐口水”的、差劲的人较真，不如多花点时间让自己变得优秀起来。你还有很多事情要做，很多敌人要打败，很多关要闯，很多弯路要去摸索。你得知道自己在做什么。

同样重要的还有，千万不要对一个“既愚蠢，又懒散”的人提建议，愚蠢归根结底是他自己的事，你何必杞人忧天？

如果有人偏要做烂泥、做咸鱼、做锈铁、做朽木，那你也大可不必恼怒。你永远无法破灭另一个人的幻觉。不管你有多少经验来证明他们的错误，他们都会坚持自己的谬论，强烈地抵抗你、触怒你。

世界上最浪费表情的事情，莫过于你对一摊烂泥痛心疾首，各种好心相劝，而烂泥自己却说：我就爱躺着，谁要你多管闲事来扶我？

不负责任地指指点点，其不负责任的体现是：它们“只管杀，不管埋”。

比如你正挤着地铁去上班，旁边有座的阿姨就会“心疼”地对你说：“哎哟喂，这么漂亮的姑娘，你男朋友怎么没开车送你啊？”比如情人节你累了一天回家，小区里遛狗的大妈就会“满脸同情”地跟你说：“我女儿刚才捧了一大束鲜花，你怎么空手回的呢？”

当你带着无比沮丧、沉重的心，到家就开始跟男朋友吵，到最后天翻地覆、濒临分手了，可这些阿姨大妈呢，她们可不管你今天快不快乐，明天嫁不嫁得出去，她们只管自己的碎碎念有没有念叨完，只关心今天的韭菜新不新鲜，鸡蛋有没有打折。

他们的逻辑是：“我这是为你好，所以我是对的，你是错的；我这是关心你，所以你得听我的；我这是在乎你，所以你得改，你得回到我喜欢的状态；我这是为你好，所以你就不能不领情，否则你就是自私，是无情无义。”

我的建议是，赐他们一个钛合金的白眼，然后好好地过自己的生活吧！

最好的状态是：和聊得来的人聊天，享受摆在眼前的事，对自己当下的言行负责——不去别人的生活里指手画脚，也不轻易地被别人影响。

切记，别人的嘴欠最多只是无毒又无力的箭罢了，你不理它，它奈何不了你。怕就怕，你自己把已经掉到地上的箭又捡起来，往自己心口插，然后喊着："哎哟喂，这箭有毒！"

当你不够强时
你发的
一切飙和牢骚
你落的任何眼泪和汗水
在别人看来
都只是个笑话

# 不劳而获

THEME 21

有人说："有时候，上天没有给你想要的，不是因为你不配，而是你值得更好的。"

我十分严肃认真地告诉你，就是你不配！

很多人的心思可以用四个词总结：不劳而获，不学有术，相爱无伤，狂吃不胖。

脑袋里全是坐享其成的美梦，身体的每个细胞都被懒惰撑得满满的。嘴巴里念叨着"来一场说走就走的旅行"，却不知靠什么出发；心里默念着要"以喜欢的方式过一生"，却不知道用什么去养活那样的自己。

**世界上可以不劳而获的只有贫穷和年龄。没有哪件事，不动手就可以实现。真正的美好生活是你自己努力创造出来的，而不是从天上掉下来的。**

过自己想要的生活，不仅需要勇气，更需要实力。

勇气很容易出现，比如说：因为别人的精彩人生，我见过，我就不希望它只是我心里的一个梦；因为别人的故事我听过，但味同嚼蜡，所以我想要一一来经历；因为很多的地方风景极美，我听人说过，也见过照片，却没去过，我要亲自去看看；因为这个世界上有很多好吃的，我不想对着图片流口水，我要亲自去品尝。

可实力你不见得有。所以很多看起来特别勇敢的人，在说了很多关于梦想、关于旅行、关于努力的豪言之后，都陷入了抱怨的旋涡中：为什么别人有安稳的日子？为什么别人不努力就可以过想要的生活？为什么我没钱、没时间？为什么在旅途中的总是别人？

生活不会平白无故就给你想要的，你想要过喜欢的生活，就得去争、去耕耘。

想要过自己想要的生活，想去拥有自己喜欢的人，最可靠的办法是，让自己配得上。

二十几岁的年纪，其实一眨眼就过去了，而也正是这稍纵即逝的几年时间，将会决定我们三十岁之后的生活质量。

# 借口多多

THEME 22

我们常常能听见别人说，或者你自己也曾说过类似这样的假设：

“如果之前我多花点时间画画，现在也许已经是小有名气的插画师了。”

“如果当初我再努力一点，就会上个更好的大学了。”

“如果毕业后我能选择那家公司，也许今天的发展空间会更大。”

“如果当初我锻炼锻炼身体，也不至于像现在这么难看。”

……

可现实大家都很明白，根本就不存在“如果……”这样的事儿。请你记住：没有如果，只有结果。

明明知道隔几分钟就刷朋友圈、刷微博很浪费时间，是不对的，可就是停不下来。

才打开今天决定要看的书，就想起来要拍张照片，于是顺便发了个朋友圈，然后就走神了，在朋友圈眼花缭乱的消息、段子中忙得不可开交。直到两眼红红的，才想起来要看的书才翻开扉页。

刚才还信心满满地要学习英语口语，可一打开笔记本，就被自动弹出来的电视剧推荐给吸引了，于是丢了魂魄，跟着剧集里面的阿哥、妃子、王子们去闯荡江湖、去宫斗。等回过神来，才发现已经是半夜十二点了。

昨天还信誓旦旦地说要瘦成一道闪电，可一看到好吃的就小鹿乱撞，比见到初恋还激动。于是大吃了一顿，顺便还发了一个微博，配着类似“我要好好爱自己”的文字……

为什么有那么多人在追求“无须提醒的自觉”和“以约束为前提的自由”，最后都变成了“无须提醒的懒”和“没有底线的肥”？

是缺少决心？是条件不成熟？是蒙昧无知？

都不是，是缺少自制力，是随随便便就能找到偷懒和狡辩的借口。

借口就如吸毒，有了一次就会有两次，次数多了，这些连你自己都无法回绝的借口就成了你日渐平庸的缘由。

但我想提醒你的是，革命真得靠自觉。如果你三番五次地给自己懒、丑、穷找心安理得的借口，那么我就只能佩服地对你说一句：“真狠，连自己都敢骗！”

QUESTION

# 后果自负

如果有一个键，你按下去，

所有的知识会进入所有人的脑子里，

然后全人类一样聪明，你会按吗?

## QUESTION 定时炸弹

想象一下，你是一名警察，你得到了一个确切的消息，

说城市里有一颗定时炸弹已经启动了。

你们抓住了一位知情人，但是他宁死不屈，什么都不肯交代。

那么，你会对他严刑逼供吗？

如果他经受了一切酷刑还是不说炸弹在哪里，

你会以他的女儿要挟他吗？

# 美丽的忧伤

THEME 23

恋爱时最可笑的事情就是，他才陪你去了一次公园，给你做了一顿饭，跟你说了一句晚安，他就成了“对我最好的人”。

失恋时最滑稽的一句话就是“我再也遇不到对我这么好的人了”。哪有那么多“最好的人”，你才见过几个人？

所有初始时就觉得惊艳的感觉，都可以归结为见识少。

其实，世界没有你说的那么荒唐，也不会太好；感情没有你鄙夷的那般不堪，也不是那么美妙。

如果总是沦陷在悲伤的井底，你就看不到外面的美好；如果总是把自己锁在幸福的幻觉里，你就看不清现实的残酷。

当你往后站一步，以更大的视角看整个人生时，你就会发现，从前和以后遇见的人都很多，总得经历几次，才能成熟一些。

毕竟，离开的只是风景，留下的才是人生。

怕就怕，你既看不到希望的岸，也观望不到幸福的岛屿，而只好任由自己溺亡在伤心的海里。我想提醒你的是，生活是个冷漠的

编剧，它不会因为你多给自己加了悲伤的戏份，就多付给你片酬。情场本就是血流成河的战场，你最该关心并思考的是前方的路该如何继续。

你呀，年纪也不小了，该干吗干吗去，别一头扎进那些美丽的忧伤中，一边拼命往里钻，又一边喊救命。

失恋也好，挫败也罢，真正摆脱它的方式不是躲避，不是试图忘记，更不是丑化，而是接受。它已经发生了，你从它那里汲取完经验，给它鞠个躬，就要赶赴下一段旅行。

只是一起走过一段路而已，何必把怀念弄得比经过还长？

## QUESTION 不分男女

你是否会觉得，

另一种性别会活得相对容易一些？

假如你有选择权，你会选择变成另一种性别吗？

如果变了，你觉得自己会活成什么样？

# 茫茫人海中
# 就数讨厌自己的人
# 最讨厌

# 好东西都很贵

THEME 24

有句很受欢迎的鸡汤文说“世上所有美好的东西都是免费的”。

我想告诉你，真正美好的东西不仅不会免费，而且还很贵。

比如你想去巴黎，坐在街边的咖啡店里，吃着牛角面包，翻阅报纸，一待一上午；

想去塞纳河边，请街头画家给自己画一幅画像；

想去罗马，在许愿池里扔硬币；

想去凡尔赛宫，在镜厅里看无数个自己；

想去撒哈拉沙漠，和驼队一起走个三五天。

再或者，你希望有座大房子，有巨大的落地窗，有通顶的书橱，有种满鲜花的阳台，有满墙的旅游照片。

可是我想提醒你的是，你想要的平淡里有花不完的钱，住着舒服的大房子，有漂亮的衣服，有爱的人……可你凭什么轻而易举地拥有呢，哪一样不需要钱呢？

这就是说，你想去流浪，可以，但请你带着一技之能；

你想要自由，可以，但请你先拥有让人看得起你的本事；

你要爱情，可以，但请你带着拿得出手的承诺；

你想要圆梦，可以，但请你付出足够的努力。

你总得有养活自己的本事，才能不用看别人和命运的脸色，你才能有说走就走的旅行。

如果你总是欣然地接受生活的种种安排，又有什么资格向命运索要厚爱？

如果你仍将前进的希望寄托在“过去的美好想象”之上，仍然把成功的密码定义为“等好运来临”，那么我只能以无比邪恶的口气对你说：“别放弃你的梦，继续睡！”

## QUESTION 良心脆弱

好朋友给你推荐了一本他非常喜欢的小说，但你根本读不下去。

你会怎样描述你的阅读感受？

是实话实说，还是假装读完了？

小区楼下的小卖部替你收了快递，

你去取快递的时候，

会买一些根本就没想买的东西吗？

如果小卖部的老板向你推销某款减肥产品，你拒绝了他，

之后你还会让他代收快递吗？

# 一眼望得到头的生活

THEME 25

这世上有只愿意活得安稳的人，可那不该是你。

如果你了解自己——不是那种可以喝着茶、翻着报纸、打着麻将就过一生的人，那趁着你还年轻，还有得选，希望你永远不要选择什么稳定！”

其实，“安稳”的心态废掉了很多本该有机会、有能力、有信心去打拼的年轻人。长辈们的好心却总是在有意无意地替“稳定”说好话，可是他们并不太明白，子女才刚出校门，还没开始奋斗，就念着安稳。那么此时的安稳，不过是平庸的一个说辞。

你以为清闲带来的安逸是福气？实际上，它剥夺的是你对未来的期待，割断的是你与世界的距离，它让你的心胸日渐狭窄，也会让你对人生越来越怀疑。

不论是对固执的亲人，还是偷懒的自己，你得学会反驳：

“我才不要过这种一眼望得到头的生活”，

“这种工作做到六十岁估计也还是这个样子”，

“再待下去，我就会变成白痴了吧”……

在一家看起来永远不会倒闭的单位，和一群“无趣而友好”的同事坐在一起，等到光荣退休那天，也不过是换了容颜。每每想到这里，你有没有惊出一身冷汗？

试问，这样的青春，有什么好留恋？

实际上，那些能够在安逸的时候仍对自己下狠手的人，换个环境也能风生水起。一开始就想着要稳定的人，选择的其实并不是稳定，而是停滞。很多坏事情就是从此开始的。

真正的安稳是历经世事之后的淡泊，你还没有见过世界，就想隐居山林，到头来只会是井底之蛙。

# 平凡可什么贵

THEME 26

朴树的《平凡之路》刚出来的时候，引起了以“80后”为主的男女青年们莫名其妙的感动。

数以百万计的人从这首歌里汲取到了不一样的力量，好像每个人的灵魂都因此而得到了似是而非的升华。可似乎每个人都只是看到了歌名，听到了旋律，而忘了读歌词。

歌词说得很明白，“我曾经拥有着的一切，转眼都飘散如烟，我曾经失落失望，失掉所有方向，直到看见平凡才是唯一的答案”。

换成更为直白的话说，“大爷我已经吃遍了这世上的珍馐美味，其实都不如家乡的韭菜盒子”。“大爷我胡吃海喝惯了，现在终于看明白了平凡的意义”。

奇怪的是，大家是如何被引起共鸣的呢？你又有什么资格表现出风轻云淡呢？

电影《等风来》里面有一句很刻薄的台词，但说得很在理：“还没高调的资格呢，就嚷嚷着低调；还没活明白呢，就开始要去伪存真。这是一种最损己不利人的行为，自己活得假，别人看着特别地累。”

甘于平凡的前提是你可以不平凡，可惜人群中百分之九十的人都没有这个资格。

十几岁的时候，你在学校里煎熬，便着急长大，因为你羡慕二十几岁的人有一份安稳的工作，买得起房，买得起车，有时间出门旅游，有闲钱做生意，生活可以过得有滋有味。

可到了二十几岁，当你毕业、真正地长大了，平凡的你，却为何又如此惶恐不安？

原来，最痛苦的不是梦想泯灭，而是回望年少时热血沸腾的梦想，如今再难启齿。

原来，最可怕的并不是生活的平凡，而是正在过着一种平庸的生活，还觉得理所当然。

放下你的浮躁，放下你的懒惰，放下你的三分钟热度，放空你禁不住诱惑的大脑，放开你容易被任何事物吸引的眼睛，放淡你什么都想聊两句八卦的嘴巴，静下心来好好做你该做的事，该好好努力了！

人类之所以成为人，不是因为哪只猴子甘于平凡，而是它在尝过火烤食物后的内心深处涌起的无尽欲望，如果当时它的脑海里涌现的是“其实吃点野果也挺好”，那么现在大家还在树上吃又酸又涩的野桃子呢？

更为可怕的是，我们无法预计未来，而时光这种东西充满了魔性，它也从来不会提醒你以后会发生什么，只是看着你，像个傻子一样靠在沙发边，沉沉睡去。

# QUESTION

想象一下，你失足掉进了一个深井里，

掉了足足三十米才抓住一根藤蔓。

你无比绝望地大喊："救命啊，上面有人吗？"

这时候，你听到一个声音："我是上帝，你放手吧，放手就得救了。"

你会放手吗？还是继续喊救命？

在你的葬礼上，

你最希望听到朋友们议论你什么？

# 马后炮

THEME 27

“马后炮”最擅长的,不是找出“问题出在哪儿”,也不是想着“怎么解决”,而是要充分地、明确地告诉别人,“你错了,而我早就知道”。

“马后炮”的突出特点是：先让别人试错，再让自己得意。

他最擅长的是推卸责任。所以，在决定之前，他不会保证什么，也不敢肯定什么，但在结局产生之后，他肯定会去贬低那些拿主意、做决策，以及执行的人。

他最喜欢的是哗众取宠。因为没有一锤定音的本事，也没有担责的勇气，所以在事后轻松地说一句“你看，我早就说过”，就更加显得自己聪明了。

对“马后炮”来说，他想表达的意思是，“你看我多有远见，所以你该多听我的话，否则你早晚还会吃亏”。但对听者来说，他能感受到的却是幸灾乐祸，是落井下石。

比如，“我早就说过，不要和他结婚，他一看就不是什么好人”，这句话的感觉是，“你现在后悔就是你活该”；“我早就说过，不要走那条小路，一看就不好走”，这句话的感觉是，“你弄了一身泥就是你自找苦吃”；“我早就说过，读书的时候要用功”，这句话的感觉是，

“你现在工作辛苦就是你咎由自取”。

在生活中，这类人也很常见。

比如，马上要进行一场比赛，开赛之前，他一言不发，比赛刚一结束，他就要出来抢戏，“你看吧，我早就说过，这个队会赢，一脸的冠军相”，或者，“我早就说过，要把他给换下去，教练真是太差了”。

比如，你在做一件很有挑战性的工作，在开始之前，既没人反对，也没人支持。当你做成了，就会有人跳出来说，“我早就说过，这件事就该这么做”；如果你搞砸了，也会有人说，“我早就说过，这事儿不能这么做”……

**唉，事后诸葛亮，事前猪一样。**

远见要用在指导未来上，而不是用在挖苦过去上。

要避免做“马后炮”，最好的方法是把自己的想法写在纸上。关于老板的决定，亲人的强求，朋友的选择，职业的方向，科技发展的趋势，球队的成绩等，然后时不时地用既成事实和自己的预测进行对比。

你会慢慢意识到，自己其实是一个非常糟糕的预言家。

我的建议是，如果一开始你就有不同意见或者预判，但别人没有接受或者重视，而你意识到了自己无力左右，那就由着别人去吧。

如果将来的某一天，他突然推翻了自己的意见，或者事实证明他当初的判断是错的，这时候你就不要再理直气壮地说“看吧，我早就说过……”，而是要反思一下：为什么自己没有说服力？

你当初是说了，但别人没听，这就等同于你什么都没说。“说服不了别人”和“你根本就没说”，其实是一个意思。

## QUESTION 不宜推敲

如果有一天，人类证实了灵魂的存在，

这对人类意味着什么？

在很累很困同时肚子很饿的情况下，

是先做饭吃？还是先睡觉？

你觉得自助餐当天剩下的菜都去了哪里？

# QUESTION 如鲸搁浅

如果朋友圈有访客记录的功能，

你会支持还是反对？

回顾过去一年，有哪些事情带给了你最多的积极情绪，

让你充满了对生命的热爱、感恩？

又有哪些事情带给你最多的负面情绪，

让你感到痛苦和无奈呢？

# 嫁祸于人

THEME 28

起床从不叠被子，头发乱成鸡窝也不管不顾，胡乱洗一把脸就着急忙慌地飞奔出去追公交地铁；平日里懒得要死，卧室不到下不去脚的时候绝对不整理，然后迫不得已地在某天集中行动，直到累得死去活来……

总嚷着要找个男朋友，却从不主动追求；一直都没有真正喜欢的人，却懒得接受别人的追求；恋爱经历和恋爱的热情几乎为零……

平日里最喜欢强调“宁缺毋滥”，签名档写的是“我只是不愿意将就”，实际上常常羡慕别人出双入对；走在大街上，一脸傲气就像是谁都不够格入你的眼，甚至还宣称“百分之九十的剩女不是没人要，而是她在拒绝百分之九十的人”，可实际上你心里很清楚，不是你没看上别人，而是别人没看上自己……

还没出家门就害怕遇见渣男，刚刚加完微信就担心对方是个骗子，才确定恋爱关系就担心以后能不能结婚，还没结婚就怕将来会离婚……

你呀，就是乌鸦落在黑皮猪上，只看到别人是黑的，却看不到自己黑。

一个缺乏自知之明的姑娘，早晚会碰上这样的悲哀：你正痴心苦等的“Mr. Right”，只瞧你一眼，就把你归类为“Miss Wrong”。

要我说，你的父母催婚没有问题，你的七大姑八大姨给你介绍男人也没有问题，你没有经历早恋更不算问题，真正的问题是，你已经是大人了，却还邋遢、懒惰，还不切实际，还脾气比胸大，还嗓门比腰粗……

事实上，你现在的任何一个问题拿出来，都比你的年龄、长相、出身要严重得多。所以，拜托你不要再找理由来做你“没人要”的挡箭牌了。

当你把日子过得乏善可陈，让身体陷入肥胖或病态，再任由青春碌碌无为地虚度，那么就算给你一个浪漫、温柔、富贵的男人，给你一个富足、体面的出身，也降低不了你整个人生的庸俗指数。

我真替你担心，怕你真的在某天嫁人了，是变相地嫁祸于人！

# 剩女
# 并不无辜

THEME　29

被催过婚的姑娘，请你反思一下，你因为被催婚而火冒三丈，甚至觉得催婚的人冒犯了你的自由、羞辱了你的爱情观的那些日子，你的生活是不是一团糟？以至七大姑八大姨会四处打听，帮你物色人选；亲爸亲妈会心急火燎，对你威逼利诱。

要我说，催婚的紧迫程度和你当前生活的糟糕程度是成正比的。换言之，是因为你的单身生活太不让人省心了，所以他们才会逼你找一个男人，为你保驾护航，替你分忧解难。

可是你呢，作息极度不规律，工作时时在烦心，把日子过得比钟馗的脸还凶险，居然好意思在饭桌上向旁人抱怨，说父母催婚的方式方法不近人情！

三天一感冒，七天一发烧，租来的单人间乱得连自己养的猫狗都嫌弃，月初发的工资少得连买一件新衣裳都紧张，除了摆弄手机和谈论偶像剧之外，再也没什么拿得出手的本事，居然还大言不惭地反击父母，说什么“我想要自由”！

你呀，既做不到衣食无忧，又不能活得优雅淡定，浑身上下散发着一股穷酸、窘迫、不安、焦虑的怪味，分明就是个单身乞丐，居然还厚脸皮地自称“单身贵族”。

是的，生活就是这样俗气，你无所谓地、糟糕地任由自己“剩着”，不仅严重地降低了你整个家庭的幸福指数，而且还大大丰富了邻里的谈资！

我知道，天天被爸妈唠叨“你年龄不小了”“眼光不要太高”“再晚就嫁不出去了”的感觉有多糟糕。我也明白，你对街头大妈、邻居大婶、七大姑八大姨的催婚话题有多厌烦。但是，大发脾气然后摔门而出，摆出泼妇的样子和他们撕破脸皮都是最糟糕的回应方式。

在我看来，不管是亲朋好友们的好心规劝，还是左邻右舍的有意无意提醒，又或者是一些不太熟的人发出的冷嘲热讽的声音，都从侧面说明了，你当前的生活状况是让别人担心的，而不是叫别人羡慕的！

要我说，剩下来并不可怕，可怕的是你没有做好准备，也没有相应的能力来过好这样的生活。

回应催婚的最好方式是，挣更多的钱，养更美的颜，活出更精彩的每一天。

你想想，当你有着二十几岁的脸，二十几岁的身材，二十几岁的心态，二十几岁的肌肤，却有着二十几岁的姑娘想都不敢想的事业和财富，这样的你，谁还好意思催你结婚？这样的你，又怎会在意谁来催婚？这样的你，浑身上下只有金光闪闪的三个大字——爱谁谁。

需要特别提醒的是，你一方面要学会体谅父母的良苦用心，一方面要试着理解七大姑八大姨的苦口婆心，同时还要保持对婚姻的谨慎态度。因为催婚再可怕、单身再孤独，都没有被人赶着进入一段你还没有准备好的婚姻更可怕。

再说了，单方面的“降低要求”永远都不是“剩女”的出路。

你要做的是，在追求独立和自由的同时，变得更优秀、更值钱、更好看，而不是将自己当作一个包裹，满怀侥幸地投递出去。如果不够优秀，又谈何拥有？

单身再久，我都劝你不要灰心，上天正在绞尽脑汁地为你做安排，毕竟，要找一个特别糟糕的人来配你，总得多花些时间。

如果你没钱没时间
也没心思去努力
去抽出时间
但还是想去转转这个世界
我倒是有个法子
买个地球仪吧

# QUESTION 虚惊一场

体检之后，医生说你患上了不治之症，只剩 20 天的生命了。

你吓得腿都站不直了，正悲痛欲绝的时候，

医生接了一个电话，然后兴奋地对你说：

“体检报告拿错了，其实你非常健康。”你觉得自己赚到了吗？

一个星期之前，某某某对你说“怎么办，我好喜欢你”，

你因为害羞没有回复。

一个星期之后，他说“不好意思，我只是一时冲动”。

你觉得自己有损失吗？

# 那么忙，又那么穷

THEME　30

你的日子是这样的吧：手机不敢离身，怕错过任何一条信息、一封邮件、一个电话；精神上二十四小时待命，以备某个重要客户的“友情建议”。

即使你抽空去看了场电影，其间如果突然看见手机上有个陌生号码的未接来电，就会在心里琢磨半天；如果突然有几天能够准时下班，你甚至会有点不知所措——不知道回家早了要做什么……

不知不觉间，你成了既穷又忙还茫然的那一拨人。

发工资的时候，你会抱怨：“计划要花出去的钱，总是比挣的多”“工作越来越熟练了，事情却也越来越多了”。

朋友邀请聚会的时候，你会扭扭捏捏地说：“这几天我实在是太忙了，等过几天再找你”“最近我有个策划案要做，下次再和你单约”。

看见某件心仪的外套时，你会谨慎地掩藏好自己贪婪的眼神，然后在心里嘀咕道：“哇，好喜欢这件，可这也太贵了，还是算了吧。”

所有穷姑娘们的计划都惊人地一致：“等我有钱了”“等我升职了”或者“等我有时间了”……

你有没有想过，为什么你的时间总是不够用？为什么你买稍微贵点的东西，都要不自觉地把它折算成自己多少天的收入？为什么你以前看着数字就头晕脑涨，现在愿意对着数字精打细算，还时刻惦记着要怎么花钱才能熬得到月尾？为什么你正值青春的花样年华，却穷得只剩下理想，忙得没时间生活？

实际上，绝大多数人的疲于奔命，不是因为忙，而是心态出了问题，是眼下的生活不能如人所愿，是对当前的生活不知所措。

但是，如果你不能以一种主动的、有规划的方式去对待生活和工作，那么你即使什么都不做，依然会觉得疲惫。

比如你忙着回复一封又一封无关紧要的邮件，忙着参加一个又一个无聊的会议，忙着从一个聚会赶到另一个聚会，忙着在节假日跟微信里每一个熟悉的和不熟悉的人说没完没了的、便宜的祝福语……

比如你每天两点一线，在家和公司之间步履匆匆。一大早忙着挤上即将关门开走的公交，好不容易来到公司忙着准备资料、制作文件、接待客户。终于熬到下班，行尸走肉样的状态却不忘刷朋友圈，在手机里看着大家都在为生计而奔忙。

可如果谁要是问你，“怎么你老是这么忙？都干了些什么？”你就算皱紧了眉头，想破了脑袋也只能给出一个这样的回答：“呃，我也记不住都忙什么了，反正就是很忙！”

你呀，像极了一只在泳池里瞎扑腾的旱鸭子，一直抓住一个叫作“工作忙”的游泳圈不肯放手。

于是，“我好忙”变成了你的海洛因，变成了让你麻木的精神抚慰品。它让你忘记为了什么而出发，忘记了你的最终目的是什么，就像把你绑在了旋转的八音盒上，看起来美妙，听着也舒服，却是周而复始的、无意义的瞎转悠。

嗯，那你就接着懒吧，以后很失败的时候，还有可以安慰一下自己的理由——万一努力了还不成功，那不就尴尬了？

# 随手一撩

THEME 31

世界上最可耻的事情莫过于那个人戴着一张“绝世好人”的面具，去接近你，然后，一步步地击溃你精心构筑的防线，一点点蚕食你佯装出来的坚强，像蛀虫一样在你心上肆意地啃噬，可等到你满心欢喜地期盼他摘掉面具，和你演一场风花雪月的故事时，他却连与你坦诚相对的意愿都没有。

这些套路无非是：刚开始揣摩你，之后试探你，等到认定了你很孤单脆弱、很寂寞感伤的时候，他就变身为特大号的暖宝宝，要么含情脉脉地对你说“我愿意借你一副肩膀”，要么深情款款地对你说“我会一直陪着你”。

一旦你的防备在这股暖流里松懈了，暴露出内心深处的寂寞，再表现出半推半就的姿态，那他就会乘虚而入，全盘接管你的感情。

这样的男生，往好听了说，是“中央空调”式的暖男；往难听了说，就是“有贼心没贼胆”的机会主义者。他们的宗旨是“不让你陷入孤独，也不对你的感情负责”，他们惯用的手段是“空手套白狼”。

得手了，他和你登堂入室，之后再突然地移情别恋，留你一个人不知所措；没得手，也只是假装尴尬地笑笑，然后从你的全世界路过，任由你在墙角里耿耿于怀。

事实上，你越是模棱两可，他就越发得寸进尺；可如果你能把握住交往的底线，自尊自爱，他就会审时度势，知难而退！

怕就怕，你太天真，遇见了身份不明的感情，就冲动得像海鸥捕食那样，一头扎进水里，全然不顾生死。

所以，如果一个热情的男生突然从你的世界里消失了，请你马上去放一串鞭炮吧，因为他至少给出了一个鲜明的态度，最可怕的撩闲是“拖着”，让你以为还有希望，但事实是，他不仅不爱你，还懒得跟你解释为什么不爱你。

切记，不要一遇到撩你的男生就以为那就是“对的人”。这世上并不存在为你而准备的那种“对的人”，就算有，他也绝对不是靠混日子等来的，而是你不断闯关，不断打败小怪兽之后，用赢得的积分去兑换来的。更准确地说，是你不断升级，不断优化之后，理应就能遇见的。

所以，要么沉默着步步为营，要么潇洒地一刀两断，千万不要把那些不靠谱的情事放在嘴里咀嚼出味道来，老皮老肉、怨气满满的女人是最可怕的！

唯有你自己的世界里物产丰饶，精神食粮足够让你自给自足，你才不会寄希望于命运，或者非得拿他人画的饼来充饥！

所以，与其纠缠不清、喋喋不休，还不如一别两宽，各自欢喜。从今以后，嘴要甜，心要狠，该留留，该滚滚。

**希望你早日明白，岁月悠悠，除了快递，谁都不必等。**

QUESTION

# 数学不好

有一只熊从 P 点出发，向正南走 1 千米，然后改变方向向正东走 1 千米，然后再向左转往正北走 1 千米，此时它正好到达它的出发点 P。
这只熊是什么颜色？

请在 503 后面添 3 个数字，
使所得的六位数可以被 7、9、11 整除。

每瓶汽水卖 1 元，每 2 个空瓶即可以直接兑换 1 瓶汽水，
问给你 20 元 买汽水喝，那么最多能喝到几瓶？

# 谢谢参与

THEME 32

你知道一个人最丑能丑到什么地步吗？大概就是自己说过的话，自己都不信；自己立下的誓言，自己置若罔闻，然后再对内心的渴望出尔反尔。

比如你对别人家的"马甲线""A4 腰"羡慕不已，于是，你对那一圈圈在胳膊上、腿上、腰上猖狂着的肥肉下了"逐客令"。

然后，你懒散地、舒舒服服地躺在床上，认认真真地发了个朋友圈，再信誓旦旦地写着："要么减肥，要么死"，然后再配一张热血沸腾的图片。

发完朋友圈之后，你又来回刷了好几遍，然后用心地数了数点赞的人数，耐心地给评论的人回复。三分钟二十个赞，或者二十分钟三个赞，再然后，你开心或者落寞地发一会儿呆。

最后，不管是成功地引起了大家的注意，还是成功地没引起注意，你都会心安理得地从床上爬起来，叫个外卖或者自己做晚餐，并且不忘给自己加个蛋，以资鼓励！

第二天，或者第二个礼拜天，你也曾心血来潮地冲进了健身房，还下了血本，办了一张超贵的健身年卡。可在健身房才跑了十六分钟的步、举过三次二十斤的哑铃、做过八个仰卧起坐，你就觉得苦不堪言，想着自己如此辛苦简直就是自找麻烦，于是一顿反复纠结之后，你就彻底地和健身房诀别了。

至于“马甲线”“A4 腰”，你依旧羡慕却不再心动，当然了，它们依旧是“别人家的”！

你其实也很爱财，也不愿过那种紧巴巴的单身生活。于是你给自己列了数十项的工作计划、数十项的个人提升计划。可惜的是，你白天做事依旧是懒懒散散，挤完公交、地铁再回家时，想要加加班都觉得有心无力。看完三四集电视剧，已经凌晨两点。每个早上都得挣扎数次才能起来，起床之后又突然发现脸上冒出了一堆挤不完的痘痘，当然了，眼袋又“丰满”了一圈。

你扛着极度不规律的生活艰难前行，于是，在你二十几岁的额头上早早地挂满了四十几岁的憔悴。

你甘心吗？你来到这人间走一回，难道是为了成为美丽主角的陪衬小丑？是为了成为优质男人的蔑视对象？是为了廉价的自尊和没有底气的人生而卑微地活着？

**实际上，所有抱怨现状却始终无动于衷的人，其内心的潜台词是一样的：“老天啊，请你赐予我花不完的钱、帅得一塌糊涂的王子和一张沉鱼落雁的脸吧。”我说你要不要想得这么美?**

你可以说自己天生就没有端庄的五官，但你一定要有精致的妆容；你可以说自己买不起高档的时装，但你一定要保证自己的衣冠整洁。你的领口不能胡乱地竖着，袖子不要随意地卷着，裙子大了要去换一个小码的，而不是凑合着穿。

没离开家门的时候，尚且有一个人在你出门之前检查你的衣服，然后“絮絮叨叨”，现在只能靠你自己了。

你要明白，不论是物质、健康还是美丽，但凡是你想要，就需要你一点点地修炼，一次次地自制，一步步地流汗！只有这样，你才能美美地享受生活——对细节的把控越来越好，对情绪的失控越来越少。

在你通过努力改变自己，获得物质、健康和美丽的同时，你还会获得更多的尊重，更高级的安全感和无须提醒的存在感，你还会逐渐地领略到这个世界公平的一面——它会让你相信：任何的努力都不会白费。

这依然是一个承认每个人努力的世界。在汗水面前，所有美好的东西对所有人都是机会均等的。不论是美貌还是物质，它就搁在那里，但它从来不是“各取所需”，而是“按劳分配”。如果你偷懒了，那么你的人生成绩单上只会印着工工整整的四个大字——“谢谢参与”！

# QUESTION 强人所难

选一个自己讨厌的人，列出五个优点。

优点一/

优点二/

优点三/

优点四/

优点五/

选一个优秀的朋友，列出五个缺点。

缺点一/

缺点二/

缺点三/

缺点四/

缺点五/

当你不被认可的时候
就请安静地努力吧
别抱怨

别动不动就说
把一切交给时间
时间才懒得收拾
你的烂摊子

# 不如单身

THEME 33

很多姑娘，或是被家人逼迫，或者是被现实左右，年纪轻轻的时候，看着身边的人都成双成对了，就巴不得赶紧把自己交出去，就像是一起参加考试，看到别人都提前交卷了，于是也慌慌张张地交了。

可问题是，完成感情的试卷，你若不深思熟虑，就胡乱蒙一个 C，那你凭什么要求爱情满分？分明是连及格都困难啊！

如果你把谈恋爱当成是消灭无聊、打发寂寞的手段，那你注定得不到一个称心如意的郎君；如果你把结婚当成一项到了一定年龄就必须完成的任务，那么你的下半生必然不会如你所愿。

更准确地说，这只是你内心的迷惘，想找个依赖而已，跟爱情没有半毛钱的关系。

怕孤独而谈的恋爱，根本就拯救不了你。恋爱最好的打开方式是为彼此锦上添花，而不是靠某一方雪中送炭。

你想要得到一个走过南、闯过北，知识广博，阅历丰富的男友，那你为什么不自己也背上行囊，去感受这个世界的精彩？

你想要一个学富五车、事业有成的男友，那你为什么不多读几本好书，为什么不努力提高自己的能力，让自己也在学识和事业上有一番作为？

你想要一个身材健美、肌肉发达的男友，那你为什么不穿上运动鞋去健身房，让自己也有一个凹凸有致的好身材？这样的你，精神上不怕孤独，身体上不怕辛苦，文能妙笔生花，武能杀鱼切肉。这样的你，就算以后遇见情敌，能做的也是直面残酷的对手，而不是缴械投降——你优秀得可以把别人比下去！

不管你是谁，公主也不一定要等着王子披荆斩棘地来拯救，灰姑娘也不必期期艾艾地等那双改变命运的水晶鞋。公主也可以把十八般武艺练得样样精通，让自己变得冰雪聪明；灰姑娘也可以将十八般兵器耍得有模有样，让自己活得光芒万丈。

唯有这样，等到王子来的那天，你们就像是在时间的旷野里，没早一步、没晚一步地相遇；如果王子没来，你也能泰然自若活出自我的精彩。

要我说，被人抛弃真的没什么，怕就怕几年之后，你依然又丑又穷又无聊，只能证明了当年抛弃你的人是多么有远见，做了一个无比正确的决定。

姑娘，你妈把你生得这么漂亮，这么可爱，不是让那些不懂珍惜的人糟蹋的，而是让你去糟蹋别人的！所以拜托你别再傻乎乎地任劳任怨了，你一个人的努力，永远也没办法决定两个人的关系。

换言之，如果你面前的那位男生特别爱耍酷，特别神秘，特别冷静，那一定是因为他不那么喜欢你。因为一个人在真爱面前，往往是偶尔失态，偶尔耍赖，幼稚得像个孩子，蠢得像头呆驴。

记住，男生若是爱你，就会觉得你笨，想方设法地要照顾你；但如果不喜欢你，就会觉得你足够聪明，足够厉害，甚至相信你身手矫健到不劳任何人操心！

# QUESTION 自抬身价

坐在公交车最后一排中间的位置像不像皇帝登基？

在商场里坐扶梯下来的时候，

有没有感觉自己就像领导人一样万众瞩目？

每天挣扎着起床成功后，

有没有感觉自己是个被解救的睡美人？

对面有人玩手机，

会不会觉得他是在偷拍自己？

# QUESTION 不太满意

18 岁的时候，你在过着什么样的生活呢？

你觉得青春是在哪一刻结束的？

你想把梦想当工作，还是把工作变成梦想？

# 假睡的考官

THEME 34

成绩一般、能力一般，似乎也不影响你上课、工作时玩手机，下课、下班后玩游戏，晚上熬夜追偶像的新剧。最后看到别人成绩出众，褒奖无数，你心里满满是不甘心，只好哭丧着脸说："我刚来时可比他出色多了。"于是你开始努力，可不到三天就懈怠了，并开始疯狂地相信"再不好好享受生活就老了"。

那你的生活常态估计是，考试全靠临阵磨枪，借同学的光也还凑合；工作全凭临时突击，靠同事帮忙也还能应付。

家境一般，似乎也不影响你好吃懒做，平日里，你一边嘲讽富家子弟的大手大脚，一边暗讽官家后代的理直气壮。可你后来却发现，那些出身比你好、长相比你好的人，情商也比你好，学历也比你好，甚至连工作能力、工作态度也比你好。你只好皱着眉头说："在学校的时候他们哪一门功课都比不过我。"于是你发誓要好好努力，也要让自己的孩子成为富二代。可不到半个月就犯懒了，并且用大彻大悟的口吻说："我不想谋生，我要生活。"

那么你的近况估计是，想要买鞋子，得咬咬牙、跺跺脚才能下得了决心；想要去旅行，哪怕是精打细算、节衣缩食也不能安心前往。

长相一般，似乎也不影响你邋遢，懒得保养。最后看到别人都落落大方，亭亭玉立，要么是嫁得良人，要么是成为焦点，你心里满满都是心酸，只好噘着嘴巴说：“当年追我的男生比她的多好多！”于是你也决心提升自己的形象，学插花、健身，可坚持两个礼拜就放弃了，并且还满是诗意地喊着：“生活不只是眼前的苟且，还有诗意和远方。”

那么你的生活现状估计是，不知不觉中成了理想人生的反面教材，有意无意间变成了只配给人点赞的看客。

生活就是这样，眉毛上的汗水，眉毛下的泪水，你总得选一样。

懒惰就像是灵魂生了锈，比勤劳苦干更消耗身体。你本可以通过“跟自己较劲”“跟别人较真”的方式来激发潜能，却在变强、变有钱的路上输给了妥协；你本可以通过健身、读书来实现世界上成本最低的自我升值，却在变美、变有内涵的路上败给了懒惰。

我怕有一天，当你看着父母老去，却不能给他们一个幸福晚年；我怕你既没找到诗意和远方，也没有爱情和梦想，只是浑浑噩噩地在大都市里耗着，给着父母不能吃、不能信的各类“好消息”。

我怕有一天，当你慢慢成熟，却发现自己无力去爱、去拼；我怕你的梦想被饥肠辘辘的现实给吞没了，只能用干瘪的欲望勉强地支撑着亚健康的躯体；我怕你有心过“想要的生活”，却无力改变人生，只能抱憾终生。

在这个残酷世界里，你不能贪恋金钱，但一定要迷恋赚钱；你可以爱自己，但一定要继续努力。因为生活不会因为你软弱就对你法外施恩，职场不会因为你是姑娘就对你怜香惜玉，情场不会因为你是“傻白甜”就对你格外温柔，父母不会因为你是姑娘就停止衰老，梦想不会因为你是姑娘就为你降低门槛……

生活其实是一位假睡的考官，它由着你违规、抄袭、偷看答案，它当时懒得管你，等到你以为是自己在考试前临阵磨的枪起了作用，以为是自己买的开运紫水晶帮了忙的时候，它就会悄悄地、变着法地折磨你，其实那是一份通知：“你挂科了！”

QUESTION

# 自知之明

如果你是老板，你愿意聘用自己吗？

如果你是你喜欢的那个人，你会接受自己吗？

如果你是你的室友，你愿意交自己这个朋友吗？

如果你是你的竞争对手，你觉得自己算威胁吗？

# 谢你不娶之恩

THEME 35

我们常常听见这样的示爱宣言:“我愿为了你，负了这天下。”“我愿为了你，换一种活法。”“我愿为了你，什么都去做，什么险都去冒。”“因为是你，做什么都值得。”“因为是你，所以什么都愿意。”

言外之意是，“我爱你爱得这么深，你就算不心动，也得感动”。

可在我看来，这些话更像是那种一下午能签三千多张的空头支票。你无非是想说：“我什么都没有，我什么都不要，但我爱你，你看着办。”

这哪是示爱，更像是要挟！可你只是他的恋人，又不是恩人。

我们也常常听见这样的牢骚：“为了你，我放弃了一流的大学和工作，来到你在的城市。”“为了你，我放弃了大城市的繁华和便捷，随你去陌生地方重新开始。”“为了你，我选择与父母分离，陪你到举目无亲的远方。”

言外之意是，“我付出了那么多，你就算不感恩戴德，也得时刻记着”。

可在我看来，这些话更像是某个商业合同上的条款，你无非是想说：“我把一切都交给你了，你也该给我一些同等的回报。”

这哪是谈恋爱，分明是在签卖身契。可他只是你的爱人，又不是欠你债的人。

不论是爱或者被爱，都不要让爱变得沉重，然后背着它，如履薄冰地生活。那些与现实格格不入的爱，一般都不会长久。

爱是恒久忍耐又有恩慈，但不是没有下限的忍耐；爱是包容、相信、不轻易发怒，但不是低声下气的附和。

曾以为，婚恋中讲究“门当户对”是陋习，是人性的弱点，如今看来，它很现实，更符合人心。因为门不当户不对造成的巨大差异，早晚会发展为爱的鸿沟。

我所谓的现实，是你们互相配得上对方，你们两个出身的家庭能真正地接纳对方，你们不必为了对方而做出脱胎换骨的痛苦改变，你们也不用为了彰显爱情的伟大而让自己变得卑微，甚至放弃自己本该拥有的一切。

我所谓的人心，是指在三观大体相似的基础上，彼此的兴趣可以有所不同，不会基于自己的判断去干涉对方。

弱弱地问一句，谈个恋爱要三天两头地掉眼泪，你到底是找了个男朋友，还是找了颗洋葱？

对姑娘而言，好看的妆容，得体的穿戴，有品位的生活，谈得来的圈子，充足的物质保证，这些才是对抗这个残酷又现实的世界最靠谱的铠甲，远比男人们忽冷忽热的问候、忽远忽近的关怀要有用得多。

别一遇到感情问题，你就噘着嘴巴哭闹：“你从来都没有给我安全感！”安全感不是别人给的。就算你一天二十四小时缠着他，就算电话短信不间断，就算你霸占他所有空闲的时间，就算你摸清他全部的行踪，你依然得不到安全感。

安全感来自你自身的强大，来自内心的独立和自足。就像早上拉开窗帘看到的阳光、走在繁华路口看见的红绿灯、查看银行卡时看到的充裕的余额、玩手机时上面显示的满格电量……

所以，不要再厚着脸皮去怀念那个放弃你的人，也不要真的跑到他的面前说“谢谢”，他根本没做什么让你成长的事，让你成长的是你的反思、坚强和努力。

再说了，笑笑就能过去的事，何必把它弄得尽人皆知？

来吧来吧，对那个枉费过你付出真心的人说最后一句话：“我现在过得好得不得了，耶！”

# QUESTION 肚子饿万岁

有哪些食物吃完一次，就念念不忘?

如何优雅地回答"比萨不就是个大饼铺点肉吗"
和"寿司不就是放块鱼在米饭上吗"这种言论?

你见过饭量最大的人吃了多少?

如果你吃得太多，不好意思跟别人一起吃饭，你会怎么办?

你会一个人去吃火锅、烧烤或者自助餐吗? 说说体验。

青春岁月
确实可以燃烧得
再充分一些
但绝不能借着
无知无畏无所谓
的名义弄得狼烟四起

# 公主病

THEME 36

一个姑娘想要过公主一样任性的生活，这并没什么问题，但前提是，这不应该成为他人的负担。

如果你生在深宫内院，你大可以要风得风，要雨得雨。倘若哪天对厨子不满意，就把桌子上的盘子都摔碎了，然后跟你那个有权有势的老爸告状，让厨子瞬间消失；如果对恋人不满意，你大可以提着蕾丝连衣裙，踮着脚尖走出大门口，然后坐上你专属的豪华马车，绝尘而去。

可如果你只是普罗大众，如果你连独立生活的勇气和资本都没有，你又哪来的资格胡闹、刁蛮、任性呢？

怕就怕，你没有公主命，还一身的公主病：自己长得貌不惊人，还对别人挑三拣四；自己挣的钱都养不活自己，还嫌贫爱富；自己老得都快成“圣女”了，还天天说那些相亲对象是奇葩，还动不动就自称“像我这样优秀的姑娘……”

你那么喜欢童话，想必你也知道，假公主一般都没有什么好结局的吧！

别人加班加点地工作，你连一句关心都没有，自己受了点委屈，就要求别人千里万里奔赴而来送温柔体贴；别人忙翻天的时候，你连个吃饭地点都懒得选，自己过生日了，就要求对方能像七十二变的孙猴子那样变着花样取悦你；别人公务繁忙，你连家务都懒得做，自己一个人的时候，恨不得连水龙头都拧不动。

是的，你是女孩，是应该好好爱自己，可是你不能打着爱的名义，把基本的自理、基本的义务都转嫁给别人啊！

这样的你，在生活中只会是个糟糕的朋友，在感情中只会是个可怕的累赘！

偶尔任性一下，也许他还觉得你挺可爱的，觉得你“天真无邪”，但如果你天天如此，他能记住的只是你的无理取闹，到最后，恐怕他对你最大的心愿只会是“哪儿凉快哪儿待着去”。

亲爱的姑娘，你的命真的很好，你也有机会遇到一个王子一般的好男人，但是请你别忘了，能二十四小时侍奉公主的，那是奴仆，王子只管风花雪月的那部分！

如果你坚持非要胡闹，非要任性，一定要试探他的底线，那么你一定能如愿以偿地失去他，然后重新回到没有爱情的生活中去。

也许，爱你的人会哄你，向你道歉，送你礼物，最后掏空心思地把你哄好，但他的内心深处，其实正经历着一场浩劫。他越是讨好式地爱你，这场浩劫越大，他也越疲惫。

别以为你的胡搅蛮缠、肆意妄为是可爱，真正能称得上可爱的，不是这些幼稚和不讲道理，而是你本性里留存的、极易耗尽的纯真！

我的建议是，不要像个落难者，告诉所有人你的落魄和寂寞。总有一天你会明白，难过的事情都要靠自己消化，难忘的人都得靠自己放下。

趁着还年轻就好好照顾自己的脸，努力养肥自己的钱包，而不要逢人就说曾经如何如何得意或者悲伤，以及现在怎样怎样洒脱或者失望。真正能理解你，真正愿意替你化解问题的人没有几个，他们多数只是站在他们自己的立场，说冠冕堂皇或言不由衷的便宜话。而你要做的就是把秘密、伤痛都藏起来，然后一步一步地让自己厉害起来！

变厉害就意味着，曾经因为一点风吹草动的小事就能多愁善感，到如今，即便是翻山越岭，你单枪匹马也应付得来。这样的你，别说拧瓶盖了，消防栓都不在话下！

不论是情场
还是职场
你不能解决问题
就会成为问题

# 福如东海

THEME　37

在那些不怕麻烦别人的人看来，朋友就是用来帮忙的，就是用来解决问题的，就是用来省钱的。以至于逢人就炫耀“我的朋友现在在某国企当老总”“我去哪个城市都有人接待”“这种事就得找朋友啊”。

要我说，这样的人根本就不配提“朋友”二字，因为他要的只是“折扣店”“招待所”和“秘书”。

过分的是，他们享受着别人辛苦提供的种种好处，还自以为别人的帮助是理所当然的事，就好像他把别人当朋友，别人占了他多大的便宜似的。

无论是谈恋爱、交朋友，还是做生意、谈合作，只有付出更多的那一方才有资格表现出慷慨大方，就像他在对你说“随便吃，随便买，随便花，随便拿”。

反过来，如果那个人总是占你便宜，然后不知道感谢还底气十足地跟你说“朋友之间不必计较”。对于这样的人，你不拉黑他，要攒着生利息吗？

对于这样的人，能遇见算不上福气，能错过才是。

实际上，那些值得深交的朋友，是不会为了一己私利去为难朋友的。他们谈事情不拐弯抹角，再见面时不刻意寒暄，交流时各尽其词，需要帮忙时尽管直说，嫌人碍事也不找借口……没有那些浮在表面的彬彬有礼，也不会在内心深处层层设防。

教你实用的一招，如果再有人告诉你“吃亏是福”，你就祝他福如东海！

## QUESTION 不解之谜

为什么你总是对的，别人总是错的？

（如果你不这么认为，请看下面的问题）

为什么他总是对的，你总是错的？

（如果你不这么认为，请看上面的问题）

## QUESTION 阿猫阿狗

你觉得阿猫阿狗能听懂人话吗?

你觉得阿猫阿狗会吃醋吗?

会记仇吗? 如果认为会，大致描述一下。

在你心目中，猫是液体的，还是固体的?

你有被阿猫阿狗萌到过吗?

# 莫贪便宜

THEME 38

爱贪小便宜是多数人的共性，最初你以为能够“捡个便宜卖卖乖”，但结果往往都是“偷鸡不成反蚀把米”。

比如你马上要搬家，楼门口明明就贴满了专业搬家公司的电话，你却视而不见，偏偏要去找亲戚朋友帮忙，你逢人就炫耀“我人缘好”，可是不专业的搬运造成的损毁，你根本就无法讨回，更关键的是，你因此而欠下的人情，很可能在未来的某一天变成一个大大的包袱，需要你加倍偿还。

比如你要去机场，手机里明明就存了好几个租车公司的电话，你却不当回事，非得让某某来车接车送，你底气十足地认为“我俩关系好”，可接送途中的风险，又该谁来负责？来来回回的时间和经济损失又该谁来埋单？一次两次尚且情有可原，但三番五次找人帮忙，那绝对是你在自作多情。

你所谓的“我人缘好”“我们关系好”，无非是想用“不花钱”的方式把事情办了。从本质上说，这就是贪便宜。

我想提醒你的是，你贪的便宜越多，意味着你欠下的债越多，它一定会在未来让你失去更多。你闭着眼睛想一下，所有你真正拥有的东西，是不是都是你付出了相应的代价之后才拥有的，其中金钱很可能是最小的代价。

在这个过分平和、过于友善的年代，我们需要培养的是纯良的雇佣关系。比如，我给你五十块钱，你给我好好剪个头发；我给你二百块钱，你给我一个清汤火锅和三盘肉……真的不需要你给我打个几折，然后让我丑得惊为天人，或者吃得恶心巴拉的！

人情这东西，看起来是免费的，其实是最昂贵的，就像高利贷。它可以给你一时的方便，也可能带来意想不到的负担。它就像签了一个没有期限的协议，你不知道什么时候就会被要求“帮帮忙”，而且还无法拒绝。因为一旦拒绝，不仅会弄糟事情，还有可能伤害到情谊。

就像是说，“春天我帮你拔了三棵野草，秋天你就应该把收获的稻子分我一箩筐”。

欠什么都不要欠人情。天上就算真的掉馅饼，也会马上再掉一个催你埋单的；即便你吃到了免费的午餐，那晚餐你就得付双份的价钱。

人情和钱财一样，用一点儿就少一点儿。所以我的建议是，人情要用在刀刃上，如果你三天两头都在用，金刚钻也得被你磨坏了。

别动不动就找别人帮忙，再好的运气也有用完的一天。到那时，你既没有解决眼前麻烦的能力，也埋下了日后无穷无尽的麻烦。

反正我是这么觉得的，那些一到聚会结账就上厕所，或者钱包掏半天都掏不出来的“聪明人”，这辈子基本上也不会有什么出息。

你想学车就去驾校，你想考证书就去培训机构，而不是成天在绞尽脑汁地想着如何请朋友帮忙；你想学吉他就去找个专业老师辅导，你想学钢琴就去报个钢琴班，而不是厚脸皮去找业余水准的亲戚指点一二。

用厚脸皮的方式去蹭资源，其实是没远见的表现。看似是省钱了，但实际上它既浪费了别人的时间和精力，也消耗了你自己的机会和热情。

别人花钱获得了优质的资源，然后突飞猛进，你却以浪费时间、亏欠人情的代价换了一个粗糙、不专业的辅导。

你可能不服气，说：“我就是因为没钱才这么省的。”真是这样吗？你敢不敢再看一遍自己这个月的消费记录，那些乱七八糟的、买完之后发现根本就用不上的东西加起来，一定够你学好几门乐器了吧？

所以你的当务之急是努力提升自己，好好挣钱，而不是用高估自己人脉的方式去省钱省力。

窃以为，新时代的大善人，不是“我让你占尽便宜”，而是“你别占我便宜，我也不占你便宜”。

在功利的社会里
友情层面的往来
有时候
比谈婚论嫁
更强调门当户对

# 他很丑，也很普通

THEME　39

很多姑娘其实本身就很优秀，工作上进，遇事果敢，平时总是一副无坚不摧的样子，可一旦遇见了心爱的人，就马上变成了毫无主见、智商为零的小女生。她们甚至都知道对方没那么爱自己，可是也丝毫动摇不了她们继续卑微下去的决心。

她们共同的心声是："你不爱我也没关系，只要能站在你身旁，即使只能看着你的侧脸也是幸福啊。"

实际上，你对他的每一次低声下气、曲意迁就，都是在为他离开你搬砖铺路！

一个人不要命地对另一个人好，不到彻底地寒了心，一般是不会知道什么叫"自作多情"的。

可你要明白，爱情若不是两情相悦，那必有一人沦落荒野。如果双方都是内心傲慢的人，那还算好事，大不了让这份爱蜕变为"互相指责"的角斗场。可如果恋爱双方是一个高高在上，另一个卑微至极，那这场战争将会残酷得像一场大屠杀。

所以，别再信"不放手的才叫真爱"这类话，不放手的那叫"可笑"。而且你还要知道，你死不放手的样子真的好丑！

遇见一个人，看起来很好，也完全是你想要的那一类人，但那绝对算不上“命中注定”。真实的爱情其实和憧憬没关系，就像你本来是一棵苹果树，就算你再怎么憧憬结橙子，但是你还是得诚实地结出苹果一样。

若他爱你，不必讨好；若他不爱你，更加不必。

你只是需要一点点决心和一点点时间来熬过那段阴冷的日子，之后你就会发现，他很丑，也很普通。

要我说，你只是倒霉，不是可怜，所以你需要吻很多只青蛙，才能吻到一个王子。

你要明白，让你自卑的爱，只能说明两点：要么是你爱的对象错了，要么是你爱的心态错了。反正肯定是错了。

一个姑娘家，成熟的标志就是在该动脑的时候，不动感情。毕竟，有的人的出现就是来让你开眼的。所以，你一定要禁得起假话，受得住敷衍，忍得住欺骗，忘得了承诺。对方不爱你了，又不是你的错。

实际上，没有谁知道自己爱的人哪一天会厌倦自己，但你唯一可以做的，就是使自己有被任何人爱上的条件——长相、性格、能力，哪样都行。

切记不要把厚脸皮当执着。

如果你喜欢的人正在认真地喜欢你，那就不要再去讨另一个人的欢心了，因为一个会吃醋，另一个可能会心动。

如果你身边的某个人脱了单，你也大可不必着急，而是该认真地问自己两个问题，一是把别人的男朋友给你，你会要吗？二是如果你是别人，你会和自己谈恋爱吗？

当然了，对一个人好并不意味着你要扮演一个卑微的角色。如果你用尽了一切方法，却还是无法取悦一个人，那请你马上离开他。

你爸妈这么辛苦地把你拉扯大，可不是为了让你被一个男生折磨得死去活来的。如果我没猜错的话，你爸妈那么惯着你，宠着你，是为了让你知道幸福是什么感觉，然后找到那个能给你幸福的人。

对你很了解的那个人，如果他爱你，他是舍不得让你一直难过的。如果明知道这样做会让你不好受，他却还是做了，那么这样的故意就不该被轻易原谅。

在这个外表繁华美好的世界里，一个女孩最该修炼的本领就是“当断则断”，这是一个姑娘在这残酷世界行走的必备装备，跟善良、修养不发生冲突。

当有一天，你不再对他有感觉了，就算他头戴凤翅紫金冠，身披金甲圣衣，踏着七彩祥云，脑门上贴着“盖世英雄”的标签出现在你面前，你也只会觉得他好笑，甚至怀疑“这人是不是有病啊”。

喜欢谁就去示爱
想要什么
就大胆去异想天开
不被生活拒绝一下
你还真当自己
是仙女啦

# QUESTION 日常迷信

你有迷信的事情吗？是什么？

因为怕鬼做过哪些傻事？

假如你第二天要飞往异地出差，当天晚上做了一个噩梦，

梦见飞机失事了，你会改变行程吗？

# 梦里什么都有

THEME 40

明明许诺自己，说只看五分钟手机就去好好努力，结果三个半小时之后，硬是装满了淘宝的购物车！

明明发过毒誓，说“要么瘦，要么死”，结果是知道了很多减肥的方法，却依然胖着活了小半生。

明明整天都是无所事事，觉得每一个日子都写满了“无聊透顶”，却并未觉得半分轻松，还常常失眠到天明。

更叫人担心的是，你慢慢地变成了自己讨厌的模样：学习、工作上不思进取，不好不坏的；感情上将就凑合，不情不愿的；生活上心灰意懒，不清不爽的。然后，你的眼睛里慢慢失去了光，有的只是你稚嫩却微薄的青春被一股日渐消沉的欲望抓牢，充满了慌张、急躁、戾气和迷惘。

其实，你的所有问题都可以用两个字概括——“贪”和“懒”。因为贪，你被一些不切实际的想法左右，一遇到问题就手足无措，稍有不如意就负能量爆棚；因为懒，你的生活中充满了悔恨，要么是抓不住机会，要么是慢人一步，反正总是懊恼不已，总是不如意。

你无数次地陷入难堪，原因竟然惊人地一致：无非是，你仅仅只产生心理上的不断自责，却缺乏行动上的立即改变。

我想强调的是，人生的成绩单是掺不得半点虚假的，你糊弄它一下，它就能糊弄你一年；你糊弄它一年，它就能糊弄你一生。

命运并不提倡毫无理由的成功，即便是孙大圣，也是经历了几千几万年的风吹雨淋，才有了那石破天惊的横空出世。

你只看到别人有“小蛮腰”，嫁给了“高富帅”，却忽略了她在你胡吃海喝时正努力健身，在你睡得昏天暗地时正拼命地提升魅力。

你只看到别人刚一毕业就进入了外企，拿着高于你好几倍的工资，却忽视了在你上学时花大把时间谈恋爱的时候，她正在学习人际交往的能力，在你整天刷朋友圈、微博的时候，她正在某公司里辛苦地做着实习生的工作。

你只看到别人学习英语和交际的天赋，只看到她考上研究生的轻松自如，却没看见她在你熬夜追剧时正熬夜苦读，在你沉迷于网游、网购时做完了一套又一套的模拟题。

于是，你一边盯着镜子里那个头发打结、愁容满面的自己，唏嘘不已地说：“哎，世间真是不公平，怎么我就不能生在富贵人家，怎么我就不能国色天香，怎么我就没有她那样的好运气？”

语气之沮丧，情绪之低落，好像世界上本该属于你的男人、钻石、工作、名校都被人硬生生地从你手掌心里抢走了似的。

其实，生活远比你想象的要精明，它既敏锐，又有心机。如果你不是诚心诚意地对待它，它马上就能识破你。但它不会马上拆穿你，而是佯装出好脸色，陪你出演“假装很忙、看似努力”的经典剧目。等到你的青春所剩无几，好运气总是对你绕道的时候，它马上就会露出一副刻薄的嘴脸，戳着你的脑门向世人宣称：“Loser！”

生活他老人家绝不会拿着一本书、摸着胡子、扶着眼镜对你说：“姑娘，我的乖乖，我们来讲讲道理。”只会一个大嘴巴子把你打倒在地，然后恶狠狠地对你说：“笨蛋，学着点儿！”

# 如果说
## 真有什么是值得去赢的
## 你应该赢得尊重
# 而非苟同

# 我们不熟

THEME　41

在我们身边，经常有人带着强烈的自豪感和一本正经的脸说“我就是这样的人”“我说话直”“我实话实说”。这些人永远都是一副理直气壮的样子，他们不分场合、不留情面，用“我说话直”做“嘴欠”的免死金牌，用“我就是这样的人”做损人之后理应被赦免的缘由，然后昂首挺胸地走在“让别人难堪”的路上。

但是无数的事实证明，嘴欠的人看似是与众不同、特立独行，实际上是人见人烦。他们是热闹气氛的冷冻机，是团队合作的“不定时炸弹”，是群聊时的话题终结者，是社交圈子中的鬼见愁。

以“跟你很熟”的名义进行的胡乱指挥，本质上只是他们对自己苍白生活的一种泄愤；以“实话实说”的名义进行的指指点点，其实只是他们对别人快意人生的一场意淫。

这些人恐怕自己也不明白，为什么每次都是自己费脑细胞地逗众人一乐，最后被孤立的竟然是自己？为什么“我这么耿直”地说出了真相，最后却得不到别人一丝一毫的尊重？

其实答案是这样的：这个世界并非排斥“有趣有料”的人，也并非虚伪到“容不得耿直”的人，它只是容不下没教养的人。

没有教养，说话冲，其实这些都是心理疾病。单单为了自己快活，不惜把废气、怨气、邪念、歪心投射在其他人身上，说到底，病根就是自私。

再说了，圈子小并不一定是坏事。你只需用心地经营一两个小圈子就够了——就是这一小撮人，一旦你遇到孤立无援的困境，他们早就挺身而出，站在那儿了！

不要等到让“好人有好报”这种大道理扇了你一巴掌，你才知道社会有多现实；不要等到被“为了一团和气”伤得心灰意懒了，你才知道人心可畏。

如果你总是曲意逢迎，那别人就会以为你根本就没有态度；如果你总是忍气吞声，那别人就会认定你毫无脾气；如果你总是笑脸迎人，那别人就会觉得你毫无立场……

你应活得矜贵——对物质有追求，对感情有底线，对生活有原则。

一旦失去了底线和原则，你的友情将不再单纯，会成为一个互相提防、互相讨好、最后不欢而散的别扭游戏；你的爱情也不再安稳，会变得疲于迎合、患得患失，最后在清汤寡水的生活中消耗殆尽。

真的没必要为了情面而留住那些“八竿子打不着”却还时常打搅你的人，更没有必要为了所谓的圈子而放纵那些肆无忌惮的人。你要明白，不是所有人都会在你需要的时候站出来。相反，那些泛泛之交还会给你造成很多不必要的困扰。

我始终觉得，人活在世界上有两大义务：一是好好做人，二是不惯着别人的臭毛病。

# 胖若两人

THEME　42

真正能够长久地留住爱情的是你不断增加的优点和与日俱增的魅力。千万不要把恋爱之初的缠绵悱恻和未经考验的海誓山盟当成天长地久的本钱！

不要轻易相信男人对你说的那句“你负责貌美如花，我负责赚钱养家”。因为一旦你在他面前失去了吸引力，那么他去养谁都可能，唯独不是养你！

所以，年纪轻轻的时候，你要拥有赚钱的能力，还要学会花钱来保养自己。最聪明的姑娘，既能赚钱养家，也能让自己貌美如花。

王家卫曾说，没有一个男人不在乎女人的容貌，虽然男人爱将“容貌总会过期”挂在嘴边，但他骗得了女人，却骗不了自己。

对啊，若他不曾领略过你妆后的惊艳，又怎能爱上你的素颜？

再说了，就连让你感动不已的“我爱你”这三个字，也只是男人感情世界的冰山一角，在这“海水”下面，还隐藏着一些他不愿意说出来的东西——“我爱你的美貌，我爱你的性感身材，我爱你的回眸一笑，我爱你的小蛮腰和细长美腿”。

**相信我，男人和女人是永远都不会平等的。除非你能顶着秃头和啤酒肚走上街，还觉得自己很性感。**

正值花季的姑娘，你可以不要浓妆艳抹，但你还是要呵护肌肤；你可以忍受孤独、拒绝狂欢，但你还是要准备三两套赴宴的衣服和饰品；你可以忙工作、追梦想，但你还是要抽空去看书和瘦身。

你要明白，男人喜欢的可以是素颜，但绝对是皮肤光滑、白嫩的素颜;他喜欢的可以是简单平凡的着装，但绝对是要求你穿着得体、干净利落的样子。

相信我，没有一个男生会喜欢一个皮肤灰暗、满脸痘痘、头发油腻、穿着邋遢的女孩子，更何况是要一辈子生活在一起的人。

出门的时候，补一个精致的妆，换上那双最爱的高跟鞋；周末的时候，喷一喷那款早就准备好的香水，和久未见面的闺密肆无忌惮地谈天说地；纵然是加班，也要把自己收拾得落落大方，回到家里更应该耐心地犒劳自己——管他是敷面膜还是品红酒，你要让自己美好起来！你要学会往平淡无奇的生活里撒糖、加盐，而不是清汤寡水地活着！

如果你身上一点儿好姑娘该有的特征都没有，就不要怪别人拒你于千里之外了；如果你看起来一点儿好姑娘的样子都没有，就不要抱怨别人对你望风而逃了！

虽然我们一再强调，不要过分关注一个人的外表而忽视了其内在的品质，但你要认识到，你其实就是一个品牌，外在邋遢，怎么让人相信你会有优秀的内在？

所以我的建议是，再忙也要抽出时间让自己美起来，再孤独也要去健身，你总不能既没钱，又单身，一穷二“没”，还“胖”若两人！

# QUESTION 假如幸福

假如有一种幸福机器，接通了就能体验到你想要的任何幸福，

但这只是一种幻觉。

你会去体验吗？想要体验多久？

假如有人告诉你，你只是一个泡在营养液里的大脑器官，

所有的一切都是机器和电流制造出来的幻觉。

也就是说，你此时没有看书，没有思考问题，

你只是泡在液体里的一个器官。

你该如何证明一切都是真实存在的？

# 视觉生物

THEME 43

王子和公主在一起了，大家只会羡慕，然后祝福，因为他们门当户对，郎才女貌；可如果王子爱上了灰姑娘，就会有无数的甲乙丙丁忌妒，会在心里嘀咕“她凭什么”和“我为什么没她那样的好运气”。这些甲乙丙丁只是看到了灰姑娘卑微的出身，却忽视了她首先拥有了无人能比的天生丽质，以及无人能敌的后天努力，其次才是好运气、好机缘。

而你呢？活得邋里邋遢，胖得无边无际，哪路神仙愿意来帮你？

不要等到衣服不得不选最大号的时候，才下得了狠心去减肥；不要等到脸被痘痘占领了，才想起健康饮食。你的坏习惯、臭毛病攒得越多，修正的过程自然就会伤筋动骨，惨绝人寰！

不用抵赖，你就是视觉生物。你会一边对着帅气男生的照片流口水，一边对着没钱又丑、没实力又无才的男孩子故作高冷；你会一边对酷酷的男生满是宽容和理解，却一边对痴情追求、但颜值一般的男孩拒之千里。就算他再温柔体贴，再善解人意，都不如那个好看的男人让你动心，让你魂牵梦绕。

但你要记住，金元宝不会从天而降，好男人也不会不请自来。

你想要男神做男朋友，你就得自我修炼变成女神；你想要找个瘦高个，你就不能惯着自己一直是个“矮胖挫”；你想要找个“高富帅”，就算你再不济，也要把自己收拾得又瘦又精致。

至于你听说的什么“只要长得漂亮，就会有很多人喜欢”“只要有了钱、有了美貌，女人就会活得容易一些”……我告诉你吧，这些都是真的！

可可·香奈儿曾说：“在你二十岁时拥有一张大自然给你的脸庞，三十岁时生命与岁月会塑造你的面貌，五十岁时你会得到一张你应得的脸。”

换句话说，十几二十岁的时候，你尚且可以将自己丑的原因归结于父母的基因不给力，你尚且可以将自己的胖、邋遢怪罪于家人的纵容，但是，当你已然成年，有了关于美丑和是非的判断标准，有了独自生活的条件之后，你却依然不美好的话，就只能怪你自己了。

所以，在力所能及的时候，你要把时间和金钱花在让自己变美好上。这一点儿都不俗气。当你变好看了，有一张漂亮的脸蛋或一个曼妙的身材，你就会发现，漂亮会替你省去很多烦恼。

关键的是，变好看是一件容易上瘾的事情。一旦你漂亮过，你就会自觉地更律己，你就会有更强的意愿去照顾好自己的身材、皮肤和牙齿。

想必你也知道，没有哪个男神能对一脸的痘印、满口的黄牙下得去嘴的！

生活不只有
眼前的“够呛”
还有你读三遍
都读不懂的诗意
和八竿子都
打不着的远方

# 孤芳自赏

THEME 44

电视剧里，那些又傻又呆、经常犯二的姑娘似乎总能得到命运的垂青，比如迟到了总能遇见外冷内热的霸道总裁，被雨浇成落汤鸡总能遇见善解人意的大暖男，错过了末班车总能看见在车站里神伤的“高富帅”，以至于无数追剧的女生错误地以为：我像她一样天真孩子气，像她一样蓬头垢面，像她一样懒惰死脑筋，那我也一定能撞见优质的男神。

我只能说，下雨天不打伞和脑袋进水是绝配哦!

在我们身边，总能听见一些单身的姑娘在嘀咕，说老天没有赐予自己好面孔、好身材，说命运没有给予自己好缘分。而实际上，你一到周末就喊累，在家宅到发霉；朋友一聚会你就嫌烦，宁愿在逛网店上浪费时间；上班的时候开小差，想着下班了怎么逛街，如何锻炼，可下了班就窝在沙发上嚼着薯片看电视剧，然后拿着少得可怜的工资，想着去哪里淘到折扣最低的面膜……

你天天嚷嚷着要瘦成一道闪电，却餐餐都在胡吃海喝；你天天抱怨没什么朋友，却又习惯性地把自己锁在手机屏幕上。

如果我没猜错的话，你长这么大，能够每天坚持的事情，大概就只有给手机充电了吧。

这样的你，命运其实早就为你准备好了结局，无非是，你没什么拿得出手的本事，没什么说得出口的成就，没有社交和恋人，有的只是日渐丰满的肚腩，以及日渐衰落的梦想。然后孤独地、落寞地在合租房的电脑前面乱晃鼠标。

都说姑娘要嫁对人，所谓“对”，其实是指节奏合拍，努力同步，实力相当，而不是等着命运来同情你，然后不劳而获！

爱情有一双“势利眼”。

你要求你喜欢的人有钱、有才、有貌、身材棒，而且还死心塌地地爱你，那你是不是也应该考虑一下，如何让自己也身材好、形象好、能力强、经济独立？

你想要遇见一个说话幽默、做事利索、待人大方、为人正直，而且还愿意一生一世守护你的人，那你是不是应该也试着修炼一下自己，让自己外有气质，内有涵养，既上得了厅堂，也下得了厨房？

试问一下，如果你总是一副乏善可陈的样子，男神凭什么要对你情有独钟？

大多数姑娘在感情里产生失落感，往往是因为她自己没成为更好的自己，却奢求着别人是更好的别人。

连一篇文章都看不下去，一本书都看不完的你，凭什么天天说要改变自己，改变人生？

说了一千一万次减肥瘦身美容，可嘴巴管不住，腿也迈不开，等到健身房的 VIP 卡到期了，才悔不当初，可那有什么用？

年纪轻轻的时候，不切实际的幻想和懒散的活法会一点一点地消耗你。切莫等到把青春浪费得一干二净的时候，再满心抱怨和不解地问天问地："明明当初只是一念之差，生活怎么能给我这样难堪的答案？"

我唯一想提醒你的是：别把没人要，当作没遇到！

你一无是处的时候，别急着感慨遇人不淑，更不要指望能坐享其成，任何一种寄生虫似的爱恋，从一开始就没有胜算的可能。

唯有自给自足才能让你真正安心，只有建立在严格自律基础上的气质魅力才能让你打消对命运的偏见。

这样的你，不管白天和同事吵得有多凶，不管深夜里哭得有多可怜，但只要是"出战"就必须精神抖擞，只要"出席"就必须容光焕发，哪怕是假装出来的若无其事，也犹如挥着锋利无比的武器——进，可以攻城略地；退，可以孤芳自赏。

最悲哀的事莫过于
曾经笑逐颜开的两个人
到如今已经陌生到
连是否点赞
都要反复掂量的地步

# 矫情癌

THEME 45

碰到一点儿工作压力，你就摆出一副不堪重负的样子——“我已经用尽洪荒之力了，好累啊！”“压力山大，求安慰。”

碰到一点儿感情上的不确定就把明天描绘得暗淡无光——“他不会是不爱我了吧？”“失去他我可怎么办？”

碰到一点儿生活上的不开心就把这段时光当作这辈子最黑暗的日子——“一个人吃饭，好可怜啊！”“神啊，救救我吧！”

这么一点儿事就说难、喊累，就大言不惭地说“我不会”，就悲悲戚戚地说“我好可怜”，但是那么难拧开的黄桃罐头盖，你咬咬牙怎么就搞定了呢？

明明下定了决心要考研考博，后来上了半个月的补习班，熬了三天三夜，就觉得自己已经拼了。然后自我安慰道：“我再拼怕也就这样了，考不上研也没什么吧。”然后，考研梦就放弃了。

明明原本计划要去欧洲留学深造，后来背了三页单词，读了五篇阅读，就认为自己已经竭尽全力了，然后对自己说：“那些留在国内的同学不也混得挺好嘛，再说了，好几个出国的最后都回国了。”然后，留学梦就搁浅了。

明明在暗夜里发过誓："我要好好努力，多多挣钱，为了自己能出人头地，为了父母能过得幸福"。可技能培训班哪有郭德纲的相声有意思，网络教程哪有网络段子精彩。然后，发财梦就只能梦梦而已。

你看，你为不想改变、不想努力找了一堆多棒的借口，你为耐心不够、能力不足准备了一堆多漂亮的理由。就这样，那个曾什么都想要、什么都敢要的热血姑娘，就一点点被你自己否定，变得清汤寡水。

然后，你的梦想之花开始渐渐枯萎，你的青春也随之下了架。

我担心的是，你太容易被自己说服了，以至于耗了三年五载，除了变得更会花钱外，毫无长进，最后从一个懵懂无知、敏感脆弱的天真少女，慢慢变成了一个懵懂无知、敏感脆弱的中年妇女。

懒惰、妥协实际上是低迷、不安，或者倒过来。

矫情被很多人拿来对抗现实。比如灯泡坏了非得等男友来帮着换，一个人吃饭时非得来几句"凄楚独白"，甚至连家里缺一枚钉子都能发出"活着真难"的感慨！

但我想提醒你的是，仅凭卖萌撒娇，你是搞不定这个世界的。

很多时候，是因为你太矫情了，所以才会把一些小事无限放大、夸张。比如你介意一个人吃饭，那么一个人吃饭就一定会让你觉得难受；比如你介意孤独，那么孤独就会令你难过。

其实也只不过就是暂时一个人面对生活而已，但偏偏就是因为矫情，让一些小事显得"过分隆重"。

还有很多时候，是因为你内心太苍白无力，所以才会拿一些情绪来装点自己。比如把无所事事当作电视剧女主角的浪漫，把优柔寡断当作艺术家的气质，把无聊透顶当作哲人的超然物外。

其实，你不过是想用一些似是而非的伤感、没有缘由的忧郁来掩饰自己对改变现状的无能为力。

要我说，你只是太年轻了，所以自以为聪明，觉得遇人遇事一点就通，然后一通百通；其实，到了一定的年纪你就会明白，这是心智不全的表现，错把平日的闲得要死，当成了七窍玲珑。

而残忍的事实是，你在闷闷不乐的时候，这花花世界正彻夜狂欢；你在自怨自艾的时候，你厌恶的人在大把大把地赚钱、大口大口地吃香喝辣；你在心灰意懒的时候，你的前任正一心一意地找着新欢；你在缅怀旧人的时候，你错过的每一个人都没空想你！

不论是情场，还是职场，你不能解决问题，就会成为问题。

## QUESTION 惜时惜命

假如有人给你一个信封，

里面写的是你的死亡日期，你会打开看吗？

假如你可以变得更迷人，更聪明，更富有，你愿意为此减寿十年吗？

如果给你增加十年寿命，代价是你的相貌、智慧

和财富都折损三分之一，你愿意吗？

# 泛泛之交

THEME　46

有太多人在迷信交际的作用，恨不得把所有时间都花在“如何认识有用、有趣的人”身上。可是，在你没本事、没有利用价值之前，你除了给人点赞之外，其实什么都做不了。

过分地强调“人脉”的作用，一味强调交友的作用，错误地以为：只要认识了某个大咖就能解决所有的人生困境，只要进入某个圈子就能拿到所有难题的通关密码，从根本上来说，不是懒惰，就是赖皮！

在功利的社会里，友情层面的往来，有时候比谈婚论嫁更强调门当户对！

人们常说，在家靠父母，出门靠朋友。于是很多人都做着“出门遇贵人”的美梦。

可是，如果你只是一个微不足道的黄毛丫头，就算你有时间去看韩国欧巴的演唱会，有空去杨澜的新书签售会，有幸去参加姚明的慈善晚会，那又能怎样呢？你想和韩国欧巴合影还是会被保安拦住，你想要换个工作杨澜也不会给你做推荐人，你去上海姚明也不会邀你共进晚餐。

证明你人脉的，不是你朋友圈里有多少个同名流贵胄的合影，而是你遇到困难时有多少人愿意帮你；决定你朋友圈档次的，不是你见过多么厉害的大人物，而是你自己有多么厉害。

也就是说，人脉不在别人身上，而藏在自己身上，唯有你变得厉害了，你才可能拥有厉害的朋友。

就算你看起来是那么诚心诚意，出钱又出力，就算你苦心经营，想着法地投机取巧，以便攀上个高枝儿。可结果呢，除了更长的通信录，更多更吵闹的微信群，更庞大的微商广告之外，你什么都没有得到。

草率的社交只配拥有几个泛泛之交罢了——见面时满脸堆笑，转过身还得用力回想：“这人是谁啊，干吗对我笑？”

所以，不要硬挤进一些看似主流、看似强大的圈子，不适合你的圈子只会拖累你，让你变得疲惫不堪。在那样的圈子里，你找不到存在感，也找不到认同感，就算你会被迫去关注流行的电影、电视剧、娱乐节目，以及流行的游戏、明星，可还是避免不了自己成为话题的“门外汉”，成为别人热聊时的“旁听者”。

更严重的后果是，在不属于你的圈子里，你不仅得不到任何的成长，还会让自己被无形的力量拖入平庸且无聊的旋涡之中。

一旦你变强了，圈子、人脉、资源就变成了你实力的衍生品，这些东西都是自动吸附过来的，就好像你是高耸的梧桐枝，凤凰自然会来栖息；你是无边的大海，江湖自然来聚集。

# QUESTION 平凡可贵

如果 1 代表安全、舒服和平凡，10 代表危险、困难和成就非凡。

你希望自己得几分？事实上你只得了几分？

你努力做一件事情的动机，是为了得到认可，

还是为了避免挨批？

未来五年，你最大的心愿是什么？

你觉得实现的可能性有多少？

# 不如闭嘴

THEME 47

不会说话的人大概是这样的：要么是把蠢事当趣事说，要么是把小事当正事说，要么是别人的话题完全接不上，要么是给出一个不合时宜的建议或判断……

他既不懂察言观色，又分不清利害关系，总能在不合适的场景下说不合时宜的话，或者使用不合适的手段把人都伤出内伤了，还觉得自己"萌萌哒"……

这样的人，给同性朋友的印象是"可有可无"，给异性朋友的"礼物"是"一场漫长的尴尬"。

我的建议是，无论你在哪个年龄段，无论做什么，至少要让自己说出来的话不给别人添堵。

生而为人，我觉得要有两个起码的觉悟：一是不在人格上轻易怀疑别人，二是不在见识上过于相信自己。有时，你只是错把见闻当成了经历，把听闻当成了经验而已。

平心而论，那个同事的穿着是没有你的高级套装好看，在人群里你也确实有一点点长相上的优势，别人的私密话题确实不是什么大事儿。但是，你以为的玩笑对别人而言可能就是刺破伤口的针，你自认为的美丽对他人来说可能只是一副讨人厌的皮囊，你不经意间下的结论对他们来说可能是连自己都不敢触碰的软肋。

一般情况下，没有人会小气到要跟你计较那些善意的玩笑、无关痛痒的指点，以及不折损颜面的拆穿，因为多数人都是有胸怀的，也很有幽默感，谁都愿意有个欢乐和谐的交际圈子。可是，如果玩笑失了分寸，却不知道反省自己；指点失了偏颇，还以为是智慧；拆穿不知轻重，让别人难堪了，那究其根本原因，就是智商和情商都有欠缺，教养和素质都有问题。

人和人之间，各有自己的优缺点，拿自己的优点和别人的缺点比，或者用自己的优势去抨击别人的弱项，无异于用爬树的能力来评判一条鱼，这是弱智的表现。

谁都有几个死党、闺密，你之所以喜欢和她们互相拆台，除了你们彼此熟悉之外，还因为你们在提及对方糗事的时候，知道避开痛点和雷区，知道哪些敏感的地方应该绕过去。

你该明白，别人可以忍受你的叽叽喳喳，忍受你的后知后觉，甚至也可以原谅你的年少轻狂和桀骜不驯，但没有人会对你的无知无礼毫不介意。

不要因为无聊就去评判陌生人的生活，也不要借着“年少轻狂”就对别人的处世之道指手画脚。

也不要逢人就说你对某事的看法，你不是新闻发言人，没有人真的在意你怎么看。可你说了什么却暴露了你的智商、际遇和过往，你说出的话里，藏着你的见识。

特别提醒一下，一些级别比你高很多、资格比你老很多的人，他们笑眯眯地问你对一件事情的看法时，很有可能是在测试你的智商和情商！所以，请时刻带着脑子。

真正的文艺是
看起来无所事事
实际上无所不能

# 看不惯

THEME 48

初入职场的人特别容易滋生“看不惯”的情绪。

比如，你最初是在事业单位，因为看不惯那里低效与碌碌无为，所以转行去了外企；又因为看不惯外企的压力大，所以选择了安稳的国企；可到了国企又看不惯那里复杂的人际关系，转身又去了私企；进了私企却发现制度和管理到处都是问题……

看不惯的人和事越多，就越能说明一个问题：你并不适应这个社会。

经常听到有人在微博上喊，要抵制这个，抵制那个，可他除了会喊口号之外，几乎帮不上什么忙。

关于“抵制”，最有意义的做法是：你在努力比他们更明事理，更有责任感，更加上进。你的精神比他们的更丰富，你工作和学习比他们更努力，你的未来比他们的更有希望。

老师教的是：“书到用时方恨少，事非经过不知难。”你却活成了：“书到用时发现都是新的，钱到月底了肯定不够花。”

别人是“大隐隐于市，小隐隐于野”，你是“大隐隐于逃课，小隐隐于脸皮厚”。

你拿了无数届的“放弃大赛”和“吃垃圾食品大赛”的冠军。作为“怕麻烦星球”的常驻居民，你恨不得将语音提示改成：“您拨打的用户是社交恐惧症患者，请下辈子再拨。”

你追求与众不同，因为你觉得那样很酷。于是，别人都在乖乖学习的时候，你在看最新的小说；别人都在悄悄努力的时候，你在悄悄休息。

我想你可能搞错了，从你出生的那一刻起，你就已经是独一无二的存在了。你现在努力追逐的，应该是出色，是优秀，而非“不一样”。

真正的与众不同不是放纵，而是优秀，是见识更高明一点，表达更从容一点，实力更出众一点……这些“一点”叠加起来，你自然就与众不同了。

怕就怕，每个人都有漂亮的一面，而你是个圆的。

所以，还是要主动去努力啊，否则世界不会主动让你满意的，就像你不去敲门，门就永远不会为你而开。

你可以为自己寻找各种借口对生活低头，也可以迫使自己更好地生活。选择权在你手上。

但我想提醒你的是，你未来的身价取决于你现在“做了什么”和“做得多好”，而时间会替你回答，“你算什么东西”和“你值几个钱”。

所以，多向上学习，少向下白眼。

成长就是这样，“攒够本事”或者“摆正心态”，两样都不行，就别妄想和这个世界一较高下了。

亲爱的姑娘，你要明白，根本就没有什么与钱无关的体面小日子，很多时候，就连三分体面的生活，就已经要花掉你十分的力气。

一个普通姑娘要想过上女王般的生活，在心智上必须跨过三重境界：前两重分别是“愿得一心人，白首不相离”和“岁月静好，现世安稳”；第三重就是“老娘有钱，关你屁事”。

如果再有人劝你别那么拼、别那么在乎钱，你就对他说：“保护世界和平的任务就交给你了，我是个俗人，只对万恶的金钱感兴趣！”

越是难熬的日子，越需要花钱武装自己。就算长相普通，就算明明遭遇困境、艰难度日，也需要用钱让自己体面——让自己看起来光鲜美丽，无坚不摧。

二十几岁的年纪，你确实可以仰仗年轻和亲情，肆意妄为地把个性当能力，把青春当资本，但之后想继续过得好一点儿，物质基础必须要牢靠。

残酷的现实是，好看可以是天生的，但一直好看，真的得有钱。那些让你眼红的苗条身材，可能是在健身房里用钱砸出来的；那些让你忌妒的吹弹可破的肌肤，可能是在护肤品专柜前刷卡刷出来的。

每天要为五斗米忧愁烦恼的人，就算美，也一定美得不牢固，就算独自生活，也一定活得不自在。

你要记住，欺负别人和养活自己，你都得自己来。

只有有钱了，你才能人格独立，才能足够体面。

有钱了，你才能生出体面的情绪，才可以赞美你喜欢的，唾骂你厌恶的；你才可以自由地选择爱或者不爱，然后有尊严地接纳或者拒绝；你才可以让自己的生活品质和个人品位不落俗套，成为普通人里鹤立鸡群的那一个，成为优秀圈子里不被鄙夷的那一个。

有钱了，你才可以在感情的世界里和那个对的人平起平坐，而不必屈服于任何一种你不屑的潜规则，不必为了任何别的动机去结婚生子！

这样的你，也许圆滑，但并不世故；也许虚荣，但并非底线全无；也许落寞，但绝不落魄！

至于那些天天宣称“体面的生活与钱无关”的人，你也大可不必花费脑细胞去反驳她们，因为她们可能真的不缺钱，但你不是。没有钱，你根本就无法体面地生活，顶多只能算是“还活着”。

体面的生活从来都与钱相关。那些缺失物质基础的“体面”，实则是镜花水月，它并不能给你带来真正的幸福。

只有提高自身的经济实力，才足以匹配体面的生活。如果没有金钱来维持，你的体面往往只是绣花枕头，这种体面甚至还会使你的生活变得疲惫不堪，时间一长，你就免不了被“打回原形”的命运！

如果你永远是一面不入流的镜子，就别指望有一堵体面的墙会让你挂上。

所以，如果再有男生问你：“假如我没钱，没车，没房，没钻戒，但我有一颗爱你的心，你愿意嫁给我吗？”我希望你能直接反问他：“假如我没身材，没相貌，没工作，没身高，不能生育，但我有一颗爱你的心，你愿意娶我吗？”

要我说，男生嘴里强调自己一无所有，表面是想彰显自己的情真意切，其实只是他的斗志还配不上你的身价。

希望你能转告你的男朋友：“别再羡慕别人家的女朋友懂事，会省钱，会过日子。你该明白，养大鹅跟养天鹅的成本是不可能一样的。”

## QUESTION 英雄梦想

你曾经想成为一个什么样的人?

途中经过了多少的努力? 如今你又是一个怎样的人?

你最想拥有的超能力是什么, 如果拥有了,

你会用它做什么?

# 热气腾腾

THEME 49

你意识到自己越来越挑剔，想打交道的人一百个里面都找不出来一个；你发现自己越来越喜欢沉默，就像是一座死火山。你既享受着这样的安宁，同时又对它的索然无味感到绝望。

可是，到底怎么和这个世界打成一片？你看了无数本交往秘籍，却依然没什么至交朋友；怎么将这个世界逗乐？你听了无数的笑话，却依然没有幽默感。

最后，你就像一只趴在玻璃窗上的苍蝇，只觉得前途一片光明，却找不到出路。你的状态是活着，却也丧着！

一个人，若不是为热气腾腾的生活奔走，那等着他的，就只有容颜和心态被生活碾皱。

当你陷入庸常的生活，在心力交瘁的边缘游走时，热气腾腾的灵魂就像是一个恰到好处的拥抱、一句落在心坎上的抚慰，它能指引你，怎样巧妙地反击这种枯燥，同时又提醒你，活着这件事并不总是那么艰辛。

就算那些拥有大长腿的人，走起路来确实会很性感、美丽，但只有小短腿的你照样可以开心地蹦跶。

就算那些出生在富贵人家的人，他们日日夜夜是灯红酒绿、吃满汉全席，但作为普通百姓，你照样可以一日三餐顿顿津津有味。

我的建议是，别婆妈、别碎嘴，尽量去做点有意思的事情。如果非要有个顺序，那就先做有意思的事情里没做过的；尽早远离不合适的人，如果非要给“合适”立个参照标准，那就看他是增加了你对生活的好奇，还是削减了你对爱情的热度。

想买的东西，在力所能及的情况下，咬咬牙还是买了吧；想去的地方，在有条件的前提下，挤挤时间还是去了吧。钱不花，就不是自己的，景色不看，就是上帝的。

人生就是场体验，请你尽兴点！

遇到坏人，该拉黑还是得拉黑；遇到红包，该点就点。

粗茶淡饭不要紧，朋友散场没关系，兵荒马乱也无所谓，只要你拥有热气腾腾的灵魂，日子就不会差。

喜欢谁就去示爱，想要什么就大胆去异想天开，不被生活拒绝一下，你还真当自己是仙女啦?

我的建议是，你要时刻与这个世界保持联系——保持对无常生命的热情、对庸常生活的好奇，只有这样，你才能在每年生日时理直气壮地说：“哎呀，又要过十八岁生日了！”

管他呢，反正绝不多插一根蜡烛！

谁都会老，也都会死掉，真心希望最后的那一天，你能够拍着胸脯说：“我从未做过的事情，就是从未；我从不做的事情，就是不做；我一直在做的事情，就是我活着的意义！”

# 记住了

在你准备撒谎的那一秒
实际上就给了别人讨厌你

# 不原谅你的
# 全部理由

# 迷人的浑蛋

THEME　50

在我们周围，有两类人不怕麻烦人，一类是不讲规则，不知道什么是底线；另一类是相信自己还得起！

同样有两类人不怕得罪人，一类是满脑子的“爱谁谁”，任性、自私、无所谓；另一类是强大到能够承担后果，同时也相信别人惹不起！

所以，能不能麻烦别人、该不该怕得罪人，你要自己多掂量。

在懂事之前，你巴不得把自己的天真、善良、热心都写在脑门上，恨不得对每个新认识的人都掏心掏肺；但在懂事之后，你又恨不得拿起笔在脸上写着：“我很冷酷，不讲人情，容易让人失望，生人勿近。”你宁愿让新认识的人觉得你自己是个浑蛋，也不要日日夜夜扮演一个三百六十度无死角的烂好人！

敢做浑蛋的好处是，别人会从你的缺点里慢慢发现一两个优点。而一直扮演好人，只会慢慢让人觉得“你本就是好人”“你就该帮我”。

所以，对于自己喜欢的人和事，你要继续满腔热情；而对于自己不喜欢的，你不仅要冰冷，还要变成巨大的冰山——让他们靠不上来！

所以，千万不要因为喜欢一个人而无条件地退让，也不要因为害怕回到一个人而独自维系。你要学会聪明地结束，而不是为了一个错的人，坏掉了自己对爱的信心。更不必在这种事情上折腾自己，反思是不是自己哪里不够好，考虑如何退让才能让对方喜欢自己，不必！你唯一需要检讨的，就是为什么没有让他快点走出你的人生。

**切记：那些不清不楚的你情我愿，早晚要用恩断义绝来偿还！**

那么，什么是“迷人的浑蛋”？

我觉得是这样：他冷热分明，爱憎分明，酷得像晚秋的风，潇洒得像森林里的鹿，不讨喜，却自由。

迷人的浑蛋活得有底气、有尊严，也有原则。

他绝不会偷偷摸摸地练“九阴白骨爪”这样阴险、邪恶的功夫，也不会私自练“葵花宝典”这样自残、自虐的功夫，他不放暗箭，也不借刀杀人；他不怕独自一人，也不怕人潮汹涌。

他会努力去学光明正大的“降龙十八掌”和内功深厚的“易筋经”，以便能接住别人的明枪暗箭，保住自己的暖意与周全。

他在年纪轻轻时就“老了”，有一颗温热的、稳固的，同时也满是抬头纹的心。然后，时光打磨，他慢慢变得年轻起来，年轻得像个无所畏惧的浑蛋。

他就像是学生时代的同桌，你上课找他说话，他就举手告诉老师；你下课对他调皮捣乱，他就不管不顾地去教务处揭发你。可是呢，成绩名列前茅的是他，体育场上领跑的是他，老师喜欢的是他，被同学记住的还是他，尽管他看起来不好惹、不热情。

除了外在的优秀，他还有其内在的强大。既能够尽情尽兴地给讨厌的人甩脸子，也能光明正大地和喜欢的人说情话。

所以，请你自顾自地美好起来，照看好自己的身体和灵魂，看书、运动、修身养性，努力去获得知识、开阔眼界，并且自成格局。

哪怕你的朋友圈里点赞数寥寥无几，哪怕你正在被一个小团体边缘化，哪怕你不了解周围人在议论的热播剧，哪怕你从不点开微博上的热门话题……

这一切其实没什么大不了的，不要让你的生活被费力不讨好的对话填满，也不必担心有什么队伍必须要跟上去。

如果说，真有什么是值得去赢的，你应该赢得尊重，而非认同。

## QUESTION 志同道合

一个饭局上，你听到有人诋毁你的朋友，而且你认为他说得很过分，你会站出来替朋友说话吗？

你是否为朋友做出过巨大的牺牲却只字不提？

对你而言，有哪些事情是非常严肃的，就算是好朋友也不能拿它开玩笑？

如果你有一位画家朋友，他非常希望听你诚实地评价他的作品，而你觉得他的画很差劲，你会实话实说吗？

你有几个友谊维持了十年以上的朋友？

# 爱谁谁

THEME 51

人性的丑陋之处就在于此，凡事太容易原谅自己，又太擅长迁怒于其他！

比如找工作，毕业时没找到，你就想着可以考研；赚钱的职位太辛苦了不愿争取，你就想着找个赚钱少一点但不太辛苦的。

比如出门旅行，买机票太贵了，你就盘算着买火车票，“反正能到目的地就行”;星级酒店太贵了，你就自我安慰“青年旅社也不错”。

比如找恋人，觉得谈恋爱太麻烦，你就图省事，去相亲网站里约；与一个不合适的人相处得很累，你就自我麻痹说“没有天生就合适的两个人”……

很多时候，人生就是这样一点点被自己给“哄”没了的！然后，你只能抱怨，说工资太少，说生活太难，说遇人不淑……

你说你是个对钱没有概念的人——既不贪财，也不想着发财。那结果必然是，但凡是能用钱解决的事情，你一件都解决不了！

你说你是一个对生活有情调的人——不想谋生，只想要生活。那结果自然是，你的生活既没有积蓄，也没有头绪，只有没有原因的情绪和没完没了的头皮屑！

那你有什么好抱怨的呢?

你在人生的每一个岔路口上做出的选择，都是基于“容不容易”和“麻不麻烦”，而不是“喜不喜欢”和“适不适合”。那你又凭什么去抱怨命运，抹黑现实，同情自己呢?

**你的怨天恨地只是在展示你的窝囊，你的愤世嫉俗只能体现出你的狭隘。你如今的每一秒都不过是在为曾经的选择埋单罢了!**

遇见了几个烂人，你对感情的猜疑越来越多：“我该不该放弃?”“他是不是拿我当备胎了?”

过惯了有指令的生活，你的纠结就会越来越多：“一会儿吃什么?”“要不要看零点场的电影首映?”“过节是回家还是找个小伙伴去旅游?”“明天是穿短裤，还是短裙?”

工作的年头久了，你的激情越来越少，困惑就会越来越多：“再坚持几年，老板会不会给我升职加薪?”“天气这么糟糕，我今天是不是应该请假?”“迟到了应该也没什么问题吧?”“我得多拼命，才能避免今晚再加班?”

周末准备出门游玩的时候，看到竞争对手发了加班的消息，心里竟然莫名地紧张起来；晚上敷面膜的时候，听说同行的某某正在为了某个项目鏖战，居然会有些坐立不安。

于是，在家里端着咖啡晒太阳，竟然有种罪恶感……

别人的生活是：有干净的圈子、规律的生活、中意的人；每一夜都能安安静静、心安理得地入睡，每一天也能清清爽爽、精神抖擞地醒来。你的生活是：拥挤不堪的圈子、毫无规律的作息、凑合着的恋人；每一夜都是焦虑不安地失着眠，每一天是心事重重、疲惫不堪地醒来。

别人的生活态度是：像少年一样热烈地爱，像老人一样平静地痛。你却是像老人一样毫无激情地爱，像小孩一样歇斯底里地痛！

这样的你哪还记得初心，哪还顾得上梦想？

你有庸碌着过此残生的自由和权利，但我还是希望你能活得再精彩一些。我希望你多看一些让你耳目一新的事物，而不是奇葩；我希望你多体会一些新鲜的感觉，而不是泡在糖罐里；我希望你多结识一些观点不同的人，而不为对错输赢；我希望你的一生充满了仪式感十足的郑重其事，而非搪塞着打发时日……

无论你是基于什么而屈服于生活，你都要给自己的梦想、初心留一些容身之地。

它们是你生而为人的意义所在，是你情怀的居所、道德的底座；是你不焦虑、不畏惧的前提，是你不妥协、不将就的资本。

什么叫"不忘初心"？就是剥离掉虚荣心、表演欲、自我感动的外壳，露出对真实自我的一片赤胆忠心。

什么叫"疲惫生活的英雄梦想"？就是领教了这个世界的凶险与顽劣，还是有勇气要过"该吃吃、该喝喝，爱谁谁"的快意人生。

我怕有一天
你的心窝被扎成了马蜂窝
再想去爱时
心里的那只小鹿
却再也不敢撞了
像死了
一样安静

# 著名演员

THEME 52

你觉得“世界那么大，也想去看看”，然后，你约了几个朋友，翻山越岭地出去了，最后找了一个风景秀丽的地方，几个人就一起静静地坐着，玩起了手机！

你听信了“一年之计在于春，一日之计在于晨”，于是你起了个大早，准备认真地读读书。你首先喝完了咖啡，吃完了早餐，然后化了一个迷人的淡妆，最后，你美美地看书五分钟，接着跟微信好友自夸了两个小时。

你也相信“书籍是人类进步的阶梯，书籍是造就灵魂的工具”，然后，你在家里准备了两个很文艺的大书架，并且费心费力地淘来了很多工艺品，摆上了整排的经典书。只可惜，你读书的进度远远追不上买书的速度！

对于亲朋好友们给出的建议，你是“虚心接受，坚决不改”；对于摆在眼前的事和人，你是“不到非做不可的时候，能拖就拖；还过得去的关系，得过且过；不带命令的任务，能躲就躲”。

你把麻木当成了成熟，把无能为力过成了顺其自然。最后，面对镜子里那个糟糕得像是“移动的灾难”一样的自己，你竟然也“无忧亦无惧”地忍了！

同样是读书，真文艺的人是发自内心地喜欢某本书，并且能读出书中的趣味来，甚至有可能“学以致用”。而假文艺只是将书当成表演的道具。

同样是讲情怀，真文艺的人有让情怀落地的具体规划、具体途径，以及付诸实践的努力和勇气。而假文艺是将情怀当成表演的旁白。

同样是向往诗意和远方，真文艺的人往往是脚踏实地地为自己找到去远方的方法，并在当下的生活中不断反思、不断沉淀智慧、不断积累，并且有随时去远方的本钱和条件。而假文艺是将诗意和远方当成了表演的台词。

那结果自然是，生活不只有眼前的“够呛”，还有你读三遍都读不懂的诗意和八竿子都打不着的远方。

当你的能力是不可取代的时候，你的弱点才能被人忽视。同样的道理，当你的本事到了优于常人的地步时，你的文艺生活才能被人真正地关注并推崇。

你学别人说“一切都是最好的安排，失去铁斧，神明会给你金斧；吃了毒苹果，会等来王子一个吻”。可实际上，若失去了铁斧，你就得去徒手劈木头；吃了毒苹果，你得去洗胃。

真正的文艺是，看起来无所事事，实际上无所不能。

我再强调一次，无论怎样，都别对岁月啊、命运啊心存幻想。因为岁月、命运一般不怎么爱搭理游手好闲的你，就算勉强搭理，它们也是“墙头草”，今天告诉你“别急别急，你想要的，我都会给你”，明天你管它要的时候，它又跟你说“命里有时终须有，命里无时莫强求”。

# QUESTION 完美人生

假如你今天就要离世了，来不及和任何人告别，

你能想到的最遗憾的事情是什么？

假如人生的最后一天可以选择世界上任何人，

你希望邀请谁共进晚餐？

对你来说，怎样才算是“完美”的人生？

假如你能够活到 90 岁，

并且你可以选择让你的心智或身体在后 60 年一直停留在 30 岁，

你会选择哪一个？

# 来都来了

THEME 53

中国式解决问题的名言警句很多，比如“为了孩子”“大过年的”“给个面子”“都不容易”……但最让我敬佩的是“来都来了”。

想象一下，你和几个好友去一个度假村闲逛，本来是以“放松身心，呼吸新鲜空气”为目的，结果在去的路上看见了一连串的广告，说度假村马上要举办一个音乐节，来了几个你没听说过的艺人。于是你们几个就兴致勃勃地走了八里多地。

到现场才发现：排队入场的队伍超出了三千米，矿泉水三十元一瓶，同时公共厕所在五千米之外。你觉得没什么看头，准备走的时候，你的朋友来了一句“来都来了，去看看呗”。

于是，你们一人买了一瓶矿泉水，小口小口地润着喉咙，怕喝多了上厕所麻烦；你们在一群狂热的粉丝堆里忍受着刺耳的音乐和根本接受不了的嘶吼……

想象一下，你抱着“尽孝心”的心态，周末想陪着家人来个周边游，听说最近有个新开发的旅游项目，一家人听了都很满意，也都满心期待着。

但到了目的地一看：油漆还没干透，安保也不很完善，吃住都有着同一个特点——既贵又有装修味。你觉得这里不行，想再换个地点，准备启动车的时候，你妈来了一句“来都来了，去转转呗”。

于是，你们捏着鼻子、小心翼翼地边逛边玩；你们花着远高于市场价的食宿费，吃着跟路边摊一个味道的“特色菜肴”……

再想象一下，你上个月刚领完结婚证，此时正和另一半在塞班岛的沙滩边闲逛，偶遇了一排纪念品商店。你本来是想给爸妈或好友带点儿纪念品，你对象是想着给这次蜜月之旅留点念想。

可走进商店里一看：有带着明显工业制品味道的假珊瑚摆件，有用贝壳做的奇丑无比的各式手链，有各种不知道放了多少色素、糖精的果脯和奶糖……你什么都不想买，但这时候，你的另一半说了句：“来都来了，怎么也得买点儿啊！”

于是，你们俩带着一种“既然来了就别浪费机会”的使命感，选了一堆奇丑无比的贝壳和连尝一尝都没有欲望的糖果……

你看，“来都来了”就像是一个魔咒。只要有人对你说出这四个字，你就能中邪般地拿出钱包，去最坑爹的景点、爬最无聊的山头、吃最没特色的招牌菜、买最没纪念价值的纪念品……

唉，拦都拦不住！

一个不争的事实是，你没有目的、缺少规划，你就越容易听信那句“来都来了，进去看看吧”。

“总不能白跑一趟啊，看了总比不看值”“总不能让人笑话啊，怎么样都得装出玩得好爽的样子”……这样又懒又要面子的心理成全了一大堆“旅游景点”。它们随便弄几块大石头、栽几棵歪脖树，就可以笑呵呵地坐着等你递过来门票钱。

**人生啊，确实是一场修行，刚开始你总觉得是这个世界欠修理，后来才明白，欠修理的其实是你自己。**

坏人的策略
大体是相似的
比如一旦说出了
那句著名的
“对不起”之后
就说明他准备
继续对不起你

# 三观一致

THEME　54

交朋友，最幸运的就是交到一个三观一致的朋友。

三观一致并不是你们的想法、观念、生活完全一样，而是“你很正经，但你还是愿意听我胡说八道；我很传统，但我依然能欣赏你的特立独行”。

三观一致的表现是：你喜欢有情调的法式大餐，他喜欢路边摊的啤酒烤串，但你理解“喝着啤酒吃烤串的爽快”，他也愿意“享受法式大餐的浪漫与奢华”。所以你们邀约对方，都愿意奉陪到底。

你喜欢说走就走的旅行，他偏好于宅在家里看书，但你理解“宅在家里”的安逸与清闲，也相信“书中自有黄金屋”；他羡慕你“行万里路”的潇洒与炫酷，也欣赏你“说走就走”的冲动劲儿。所以你们聊起各自的假期，都乐意倾吐和倾听。

你们都懂得，这个世界上没有绝对的对错优劣，你们相信世界是因为“不同”才多姿多彩的，因此愿意接受不同的生活方式和生存理念。

在这个“一言不合就开撕”的时代，遇见一个三观一致的人，堪称人生的幸事！

友情是两颗心的真诚相待，而非一颗心对另一颗心的压榨！

三观不合的表现是：你为了健身办了一张健身的VIP卡，每天运动一个小时，塑身效果显著，就想着喊他一起，结果他认定你是“有钱没处花”。

你为了某个职称而努力学习、踏实打拼，逐渐在职场上有了起色，你就劝他也积极向上一些，结果他认为你是“借人上位”。

你为了去看看外面的世界就努力赚钱、仔细攒钱，然后见识了世界的繁华，就劝他也出门看看，结果他觉得“风景不都是一个模样”，并且觉得你是“假装文艺”，是“花钱买罪受”。

三观不合，就没必要把对方请到生命中来供着。硬把两个三观不合的人捆绑在一起做朋友，是一件让双方都痛苦的事。一个要装作很厉害的样子，而另一个要强忍着讨厌！

三观不合的朋友多了，越闹腾，只会越孤独！

聊不下去就不聊。你又不是大街上那个算卦的，唠不出那么多他爱听的嗑儿。

交友其实是件很残酷的事，比如曾经那个“化成灰”你都能认得出的人，如今化了个妆，你就不认得她是谁了！

不信你看，以前吵完架泪眼婆娑地闹着要绝交，第二天见面的时候，抄一次作业、分一根火腿肠就能和好如初。如今呢，明明没有矛盾，却连“再见”都没说，就心照不宣地再也不见了。

甚至到最后，你们比陌生人还陌生，却连一句“为什么”都没有问出口……

最悲哀的事莫过于，曾经笑逐颜开的两个人，到如今已经陌生到连是否要点赞都要反复掂量的地步。

交到一个三观一致的朋友是什么体验？大概是，你能保全自己的本性，同时对生活有了更多的期待。

就是那个人好像懂你购物车里的东西为什么要买，知道你为什么要把一本小说读八遍，也知道一起出门会逛哪些地方……那个人能把平淡的日子过出波澜，能把身边人的不快一扫而光，也能把快乐无限放大。

这一切，不是基于如数家珍的互相了解，而是你们对某一类东西都很感兴趣，然后觉得彼此有趣；这一切，不是基于四平八稳的泛泛之交，而是你们认可对方身上的那些莫名其妙，然后觉得对方很可爱。

希望有一天，你能和这个一本正经的世界擦出精彩绝伦的火花；也希望有生之年，你能幸运地成为别人冗长生命里有趣的某某。

人性的丑陋之处
就在于
一旦习惯了接受
就会忘记感恩

# 以貌取人

THEME 55

你总喜欢说："衣服、化妆品，能省就省吧，省的就是赚的。"结果呢，你越省越穷、越省越干瘪、越省越空洞、越省越没看头。你省掉的很可能就是你最精彩的人生篇章，比如年轻的脸、婀娜多姿的身段、源自骨子里的自信、触手可及的爱情，以及变好的可能。

你总喜欢说："注重外表就是肤浅。"结果呢，你的内在似乎也没什么人感兴趣。你所谓的"更注重心灵美"只是你懒到无可救药的托词，你强调的"不喜欢化妆"更像是给无人问津找了个借口。

你总喜欢说："出去玩是为了放松，随便穿什么都行啊，又没人看你！"结果呢，你"随便"成了旁人眼里的那个没见过世面、土里土气又烦人的"臭游客"。你的旅程标榜是"放松自己",实则是"放弃了自己"。

长相很重要，穿着很重要，妆容很重要，成熟并且干净很重要！

相信我，那些会爱上你美貌的人肯定会比只爱上你内在的人多得多！

而且，即使是宣称"喜欢你素颜"的人，也一定是保证你的外貌在他所能接受的范围之内的。

人之所以为人，你不能将口红、香水、长裙和高跟鞋与女人剥离开，也不能将皮鞋、领带和腕表与男人分开。构成一个人的，不只是皮肉、骨血和基因，还有那些看似没有生命的物件，是它们，让一个人栩栩如生且独一无二。

当一个人在年纪轻轻的时候就丧失了洗头、打扮或让自己变好看的欲望，那他一定是咸鱼投胎！

外在好看就是一种心照不宣、一望而知的能力，一个无须辩驳、不言自明的优点。几乎所有的人事经理都是以貌取人，几乎所有的一见钟情都是基于好看。

一个五官端正、着装讲究的人，与做事规矩、待人真诚的人，很可能是同一个；一个在“吃穿住行”上有要求的人，与在工作中力求上进的人，很可能是同一个；一个管得住嘴巴不胡吃海喝的人，与管得住嘴巴不胡吹神侃的人，很可能是同一个。

反之，一个嘴歪眼斜、衣衫不整的人，与做事时挑肥拣瘦、拈轻怕重的人，很可能是同一个；一个在言谈举止上表现轻浮的人，与在技能上是个半吊子的人，很可能是同一个。

我的建议是，不要仗着自己长得丑就随便熬夜，不要仗着暂时有人喜欢就放弃了保养皮肤、锻炼身体和滋养灵魂，无论何时何地，你一定要美美的。

一切正常人的正常想法是，就算我是一只癞蛤蟆，我也不愿意娶另一只母癞蛤蟆。

# QUESTION 回炉重塑

如果你有机会改变父母养育自己的方式，你会选择改变什么？

假如你和父母角色互换，你觉得该如何“教育”他们？

假如你突然发现，由于医院的失误，儿子和别人家的孩子搞错了，

如今已经三岁了，你会换回来吗？

如果搞错的人是你，你想找到亲生父母吗？

如果你知道基因可以改造，而当初父母放弃了改造，你会怎么想？

但如果你身边的朋友有一半是基因改造的，你又会怎么想？

# 求同存异

THEME 56

生活中难免会遇到那种脸上写着“我最正确”的人，在他看来，谁要是违背了他的心意，谁就有坏心眼儿；谁要是抛出与他相左的意见，谁就是故意为难他。

他每天的心路历程是：“你居然不认可我”“你居然跟我抬杠”“你那么说是在攻击我”“好吧，我要和你死磕到底”。

问题是，当你发现别人没有接受你的意见，就立刻发火、视其为坏人时，你其实已经变成了你讨厌的那种人。

罗素曾说：“如果你一听到与自己相左的意见就发脾气，这就表明，你已经下意识地感觉到‘自己的看法没有充分的说服力’。如果某个人硬要说‘2 加 2 等于 5’，或者说‘冰岛位于赤道’，你只会感到怜悯，而不是愤怒。”

我的建议是，把精力用在增长见识和本事上，而不是用发脾气的方式去要求别人跪下。不如停下来，反省并自查一下，也许你很快就会意识到，自己的判断并不是那么合情合理，自己的结论并非那样天衣无缝。

你有想说什么就说什么的自由，但别人没有和你一样的义务。相处不累的关系是：积极地支持对方，愉快地各执己见。

最好的心态是：喜欢的东西照常喜欢，但允许自己暂时无法拥有；反对的事情依然反对，但允许它们存在。

很多时候，你觉得不合理的事与物，很可能是因为这些东西不是为你准备的，而不见得是别人有多傻。

比如，当你看到一个不喜欢的设计时，很有可能是因为作品的目标受众不是你。根本就不是因为设计师水准差劲儿，或者是他的眼光太低级。

当你发现自己跟某个人的观点始终无法达成一致，甚至到了“经常针锋相对”的地步，很有可能是因为你们有不同的人生经历，因为结论往往就是一个人全部人生的浓缩。

当你发现一个曾经还不错的朋友突然把你拉黑了，很有可能是因为他不想跟你继续交往了。根本就不是你做错了什么，或者他犯了规。

不要想着说服别人，也不要强求别人能够理解你。事实证明，绝大多数的“说服”都是徒劳无功的，只会让人心生厌烦，甚至产生越来越多的“不顺眼”。

所以，与人交往时，听得清楚，说得明白即可，求同存异才是君子之交。

互相能够理解，那是理想；互相不能理解，才是现实。

## QUESTION 无可救药

如果你得到了一瓶神奇药水，

能够让一个人无可救药地爱着你，一生一世都不变，你会用吗？

如果会，你想对谁使用？你怕不怕这种爱会变成一种负担？

假如有一种特殊药品，

能让你吃不撑、喝不醉，而且你不会因此而长胖，你会服用吗？

有什么食物是你不想喜欢却停不下来的？

你会因为一个人比你幸运或成功而不喜欢他吗？

# 双倍奉还

THEME 57

网上有个有意思的对话。

A 问 B："如果你中了五百万，第一件事做什么？"

B 指着手机说："打电话借钱，把所有认识的朋友、亲戚借个遍。"

A 好奇地问："你不是中了大奖？怎么还问别人借钱！"

B 回答说："他们不借钱给我，我看他们到时候还有脸问我借不！"

人情的游戏规则是：你今天借了我半勺的酱油，明天我一定要送你俩笨鸡蛋。而不是将别人的帮衬当成举手之劳，然后理所当然地享用。

"求助"或者"拒绝帮助"除了脾气、个性、关系亲疏之外，还在于你的实力和底气。

敢求助的底气不该只是因为你迫切需要，而是你不怕成为别人的麻烦，因为你相信自己还得起；敢拒绝的底气是，你不怕得罪谁，因为你相信他惹不起你。

其实，人人都吃"摆架子"这一套。你细想一下，以前你短信秒回，稍有共鸣就掏心挖肺，帮起忙来热血沸腾。有多少人领了你的情，又有多少人视你的热心肠为理所当然？

以前你害怕得罪人，不敢要求，不敢说错话，怕冷场，怕被忽略，怕对方不高兴，诚惶诚恐地面对所有人。你得到相应的尊重了吗？

朋友之间，互相帮忙是肯定要有的，但“帮”的本质是助其一臂之力，而不是变成他的手臂；是和他一起完成或经历，而不是取代。

比如，求助的人本来就有八分力，你只需帮他两分就够完成任务了。可他看见你伸手帮忙了，他立刻就降到五分，你就得拿出五分力去帮；等你拿出五分力的时候，他可能又降成了三分。最后，你会发现，他所谓的“帮我”等同于“你替我全都做了”。

结果是，你忙得热火朝天，在他看来也不过是举手之劳；他闲得像个甩手掌柜，在你丰富多彩的世界里游山玩水。

人与人之间，真的没有那么多的举手之劳！

对于这类爱占便宜的人，千万不要试图用道德、修养、素质、交情来“绑架”自己和他们继续做好朋友，因为你很快就会得出这样的结论：他真的好讨厌啊！

当然了，你也不要指望那些爱占便宜的人会比你早一天幡然醒悟，然后良心发现向你致歉。

坏人的策略大体是相似的，比如，一旦说出了那句著名的“对不起”之后，就说明他准备继续对不起你。

人性的丑陋之处在于：如果你每天给人一块钱，他习惯了，一旦你哪天没给，他就会记恨你；可如果你每天给他一个巴掌，他习惯了，一旦你哪天没打了，他还会跪谢你！

所以我的建议是，当他迟到了你就先走，当你不想做就大大方方地说出来，当遇到冷场了也绝不故作喜感……当你收回多余的热情，收起不被需要的关怀，并逐渐增长本事的时候，你会慢慢发现，自己竟然被尊重了！

别人对你好
是希望你也能
对他好
而不是让你觉得
自己很了不起

别人不愿意麻烦你
其实也是不愿意被你麻烦
而不是让你以为
他从来就没有难处
希望人人都有
自知之明

# QUESTION 一夜成名

你希望成名吗？在哪一方面？

列举 3 种能让自己一夜成名的事情。

你的人生中最感恩的事情是什么？

假如可以改变你成长过程中的任何事，你希望有哪些改变？

# 脱单不如脱贫

THEME 58

在汹涌的人潮中，单身的人难免会涌起尽快脱单的念头。

比如，在拥挤的地铁里，你看到别的女孩子被男朋友贴心地护在怀里，而自己勇猛得像个汉子；此时背包被人群用力地夹着，下一站就要下车了，可前面站满了虎背熊腰的男人……

比如，一个人租房子，偌大的行李箱比自己还重，搬到一半的时候已经汗流浃背了，气喘吁吁地在路边坐着休息，还要小心翼翼地躲着路人抛过来的同情眼光；刚放下行李箱，网购的衣柜又到了，可拼了好久也拼不上，最后崩溃地坐在地上……

比如，期待已久的假期到了，精心打扮了好久，刚出房门又犹疑了一下："我去哪里？和谁？"然后很快又回答了自己："算了吧，在家洗洗衣服，收拾收拾房间吧。"

比如，最新的电影上映了，你超级喜欢，可想了半天都找不到一个能一起看的人；比如在超市的货架上看到了心仪已久的台灯，可踮起脚尖也够不到最上面那一层；比如一个人在医院里缴费、打针；比如在火车站的人海里挤出了一条路来，然后，一个人抱紧行李，警惕地看着每一个人。

单身久了确实容易得心病，比如变成"幻想高手"。

如果谁要是抽空关心你一下，你恨不得把自己免费送出去；路上不小心有谁蹭了一下你的胳膊，你连你们的孩子在哪儿上学都想好了……

但我还是得再次提醒你：宁缺毋滥，一定会得偿所愿；慌不择路，必然会悔不当初！

很多女生都有“飞上枝头变凤凰”的幻想，或者嫁个“金龟婿”的梦；很多男生也会默默地想“娶个银行，少奋斗几年”……可这些都不过是一种想不劳而获的幻想罢了，等同于天方夜谭！

我所谓的脱贫，不是指勉强地解决自己的温饱问题，而是要有实力去让自己珍重的人过得安逸、舒服；不是指卑微地嫁给一个长期饭票，而是在他的家人要求你再生一胎时，可以坚定地摇头说“不”。

脱贫不是拜金，而是指你要有能做自己的本钱、敢做自己的底气。但凡是算计着如何嫁入豪门做阔太太的姑娘，多数都成了渣男的收割机，或者被当作生育的机器。

很现实地说：你可以幻想有个人来照顾你一辈子，养你一辈子。但请你永远记住，经济独立才是你最应该追求的目标。因为世间万事风云莫测，谁都不是孙悟空，你喊一声“齐天大圣”，他就来了；谁也不是“都教授”，你有什么难处了，他瞬间就会出现。

只有你钱包里的人民币才能让你挺起腰杆做人，最终能让你长久心安的，也一定是你自己。当你变成了一个金光闪闪的小太阳，自然会有无数的星球向你靠拢。

少浪费些心思跟那些八竿子打不着的人斗智斗勇，多留些精力用在赚钱和自强上。残酷的现实是：你弱的时候，坏人就漫山遍野；你穷的时候，破事就逆流成河。

QUESTION

# 心理彩排

拨打电话前，你会先练习要说的话吗？为什么？

表白之前，你想过对方如果拒绝你，你该怎么办吗？

早上出门，你会设想将会发生什么吗？

# 懂得自嘲

THEME　59

有着“汉语拼音之父”之称的周有光在自己的一百零九岁大寿上幽默地说：“上帝太忙，把我忘了。”

演唱会票房惨淡，面对着为数不多的歌迷，罗大佑幽默地说：“来这么好的地方听演唱会，你们从来没有这么宽敞舒服过吧？”

苏格拉底面对自己泼辣的妻子会说：“讨这样的老婆好处很多，可以锻炼忍耐力，加深修养。”

面对媒体上流传的“曾有过一个双胞胎弟弟意外溺亡”的传闻，马克·吐温曾说道：“最令人伤心之处在于，每个人都以为我是活下来的那一个，其实我不是，活下来的是我弟弟，淹死的是我。”

自嘲就是嘲笑自己、抨击自己，甚至是丑化自己。但这种策略极其高明，因为对手再怎么招人烦，也会马上闭嘴；如果遇到的对手脸皮比较薄，他甚至还会反过来安慰你。

换言之，自嘲是一种更高级的防御手段，它能把自己从某个旋涡中拉回到安全地带，之前因为压力、因为被质疑、因为不自信、因为出糗而产生的焦虑、不安、失望、难过、孤独、寂寞都会暂时消失。

他不是笑话你这件事没做好吗？你就顺着接话：“对啊，都说无才便是德，我一定是太缺德了。”

他不是看不惯你的待人接物的方式吗？你就告诉他："我烂泥一摊，鄙视我的人太多了，不差你一个。"

他不是嘲讽你的身材走样吗？你就接过话去："其实也有好处，比如今天下楼梯摔倒了，居然一点都不疼，幸亏有这么多肉垫着。"

懂得自嘲的人，就像是随身携带了一座避难所。

人们希望把自己美好的、精致的、正常的一面展现给别人看，把那些丢脸的、可笑的、自卑的一面藏起来。可生活是个戏剧大师，它既会编剧，也爱看戏，尤其是看你出糗。

于是，它在众目睽睽之下，让你摔个"狗啃泥"；在精心准备的生日宴上，让你意外频发；在期待已久的榜单上让你名落孙山；又或者是你被大风吹出了搞怪的发型，被大雨浇成落汤鸡，被不靠谱的某某当众奚落……

这些难以避免又无法预料的糗事层出不穷，并逐渐"接管"了你的情绪。这些倒霉的、失落的、苦闷的、绝望的情绪就像是生活中不请自来的敲门客，它们看似无礼却有力量，看似歹毒蛮横，你撵也撵不走，推也推不开。它就站在你的心底，蛮不讲理地说："现在开始，这儿我说了算。"

自嘲是幽默的最高境界。它是用贬低自己的方式来保护自己，让别人在攻击你之前就识趣地闭上嘴。

不是一路摔跤摔过来的人，达不到这等境界。但凡是吃过苦的人，往往能够理解开怀大笑背后的酸楚，也知道自黑是面对不完美人生的最好办法。

生活本就是一幕又一幕的黑色幽默剧，身处其中的我们要学会既接纳黑色，又记得幽默。

# 哗众取宠

THEME　60

我们都得承认，活泼开朗的人确实会更容易讨人喜欢，相比较于坐在角落里发霉的人，谁都会喜欢那个站在舞台中央的、能说会道、左右逢源的人。

但是，如果你骨子里就是个内向的人，假装外向就会有一种东施效颦的效果。你就像扮演一个和自己性格截然相反的角色，你就像穿了一件尺码严重不合身的衣服，你行动不便，身心俱疲，哪有什么快乐可言？

你觉得一个人窝在家里看书比跟一大群不熟的人去K歌更快乐，那勉强自己的后果只会是：书也没看成，还在歌厅里尴尬得要死。

你觉得一个人躲在办公室里加班、吃泡面比跟着爸妈去参加大咖的酒会更自在，那勉强自己的后果只会是：你讨厌游戏人间的自己，你爸妈也讨厌不会左右逢源的你！

与其这样扑进人潮之中，假装和世界抱作一团，不如就接受了那个内向的自己。然后，默默使劲，暗自承受。等到你做出了成绩，有了一番作为，别人就会对你讲："你哪里是内向，分明是内秀嘛！"

内向的人也有外向的天赋，只是没办法跟不在同一层次的人胡侃。

独来独往不都是因为内向，还有可能是由于卓越，所以敢与众不同。诚如猛兽总是独行，牛羊总是成群结队。

内向的人不会因为有人勾搭一下，再唱几句“小兔子乖乖”，就随随便便地把心门打开。内向的人拥有自己的后花园，园中花香四溢，满是奇珍异草，但他不会轻易对外人开放。志同道合的人可以到此一游，情趣相投的人被允许偶尔光临，而那些浮在表面的热情和流于形式的热闹，都被拒绝入内。

你是内向，就努力向内秀靠拢，而不是强行改变自己的性格，憋出一身内伤！

内向的人最好的生活态度是：风大了，就表现出逆风出列的风骨；风小时，就展现出积羽沉舟的耐心！

这个世界总是这样：有人夸你有内涵，便有人说你不过如此；有人说你有个性，就会有人说你太能装；有人说你很实在，就有人说你真虚伪。内向的人，真的不必在意旁人的七嘴八舌，更不必羡慕他们的哗众取宠。

如果你每次都会因为别人的三言两语就犹疑地停下脚步，如果你每次都会因为某些人的不认可就闷闷不乐，如果你每次都会因为别人的投机取巧而唉声叹气……那你花掉青葱岁月，除了得到犹疑、闷闷不乐和唉声叹气之外，很可能一无所有。

岁月的“小人之仁”就在于此，它会慢慢让你识破生活的真相，却不会给你任何补偿！

# QUESTION 薪尽自然凉

你觉得自己最珍贵的东西是什么?

诚信、孩子、健康、某件珠宝?

展望未来的时候，你是期待，还是忧虑?

如果都有，那两者各自占比大约是多少?

你最期待的是什么，最忧虑的是什么?

# 学会自律

THEME 61

律己之所以难，就是因为要对抗自己的天性。

吃得饱饱的，躺在柔软的沙发上追剧多舒服，有人却在健身房里吭哧吭哧地流汗。

抱着被子不放弃一场美梦多好，有人却在晨曦未明的时候准备好了营养早餐。

趴在办公桌前偷偷摸摸地刷着段子多清闲，有人却在勤勤恳恳地忙碌一整天。

这样的人，哪有时间去患得患失，哪有闲心去八卦？又怎么可能胖得起来？

你的皮囊会展示你的生活习惯，你的职位能体现你的努力程度，你的魅力对应的是你的见识和才华。

一个两百多斤、浑身是病的人，往往过的是饮食不规律、作息不定时、暴饮暴食、运动为零的生活。

一个在工作上漏洞百出、得过且过的人，很可能在职业规划、人生追求上是空白的。

一个生活中谈吐庸俗、无聊空洞的人，很可能是在看书、旅行、思考上的投入严重不足。

所以，别再信什么“胖一点点无所谓”这种话了。残忍的事实是，就算你身上只是多长了三两肉，影子也会跟着大一圈！

自律的生活不是说你准备了多么详细的计划，有了多么齐全的运动装备，办了多少张健身房的年卡，买了多少本新书，报了多少个进阶学习班……

不是的，自律是从认真对待每一个当下开始的。比如，想早起时能立刻下床，想锻炼时能马上出去跑步，想读书时能读他一两个小时，不会消耗自己的时间去看旁人是否做了，不会从天气或者心情上找借口，最终将这些小细节养成一个个受益终身的习惯。

写日记给你的好处，是坚持，是反思，是从小鲜肉到老司机的人生行车记录仪；整理房间帮你过得干净，过得舒适，见证的是杂乱无章的生活到井井有条的人生的蜕变；跑步教会你的是自律，是克制，是不放弃，是死磕到底。

当这些看似不怎么要紧的事情成了你的习惯，它们就不会让你负累，而是会变成你成长过程中的万能打折卡，让你在人生的每一个战场上得到好处。

自律是一场与别人无关，自己发动并且针对自己的战争。

在外人看来，你是在自虐，实际上你是争取更多的自由。因为真正的自由，不是随心所欲，而是自我主宰——从控制熬夜、争取早起，到控制欲望、减轻体重，最后到控制各种不甘心、忌妒心、得失心……

但凡是有些成就的人，都具备掌控自我的能力。他们都有铁一样的意志，军人般的纪律，或多或少的清教徒式的生活方式。

有多少年轻人是自诩懒癌晚期？空有一颗减肥的心，无奈却是吃货的命；熬夜、喝酒、暴饮暴食；能坐着不站着，能躺着不坐着，能坐电梯不走楼梯……

“懒”真的没什么值得炫耀的，一懒是“众衫小”，再懒就可能是生命缩水！

村上春树说“肉体是每个人的神殿，不管里面供奉的是什么，都应该好好保持它的强韧、美丽和清洁”。

可你呢？自毕业后，你忙于工作、应酬和享乐，不注意作息，又不节制饮食，三五年后，当年的花季少男少女逐渐变得脑满肠肥、臃肿不堪、满脸横肉，糟糕透顶！

而那些少数能够自律的人，他们精力充沛，思维活跃，充满自信并且魅力十足。

他们就像是拥有某种超能力，能够轻松地躲开岁月挥过来的杀猪刀，同时还能将见识和能力都变成肌肉，结结实实地长在自己身上。

年轻的时候吃吃“严于律己”的苦头，你还能得到一种迎难而上、然后迎刃而解的快感；若是年迈时再去吃苦头，那就仅剩风烛残年、气若游丝的凄凉。

QUESTION

# 没齿难忘

你人生最大的成就是什么?

你最珍贵的回忆是什么?

你最糟糕的回忆是什么?

如果你知道自己将在一年内突然死去,

你会改变自己目前的生活方式吗? 为什么?

# 正在加载

THEME　62

不酷的你往往是这样：遇到烦心事，内心先崩溃，看上去却是悄无声息的。特别能忍，心里问候了别人祖宗十八代，脸上依然挂着“很高兴认识你”的微笑；特别能装，就算是快要烦死了，也能装出一副“我好忙”的姿态玩手机。

一旦有人将你和别人同时作为选项存在时，你都会主动退出。所以你的口头禅往往是：“没关系，你送她回家吧，我自己回家就行”“没事，我自己能拿”“不要紧，你跟别人玩吧”……

实际上呢，这并不是出于真心的“怕你为难”，而是单纯地“怕亲眼见到自己作为放弃的那个选项”，所以干脆一开始就将自己排除在选项之外。

说到底，是骨子里自卑，是内心太虚弱。

假期要出门，去哪里玩还没想好，就在为穿什么犯愁。这件太花哨，那件太土气，怎么穿都觉得会被人笑话。

下班时饥肠辘辘，吃什么又在纠结。川菜太辣，蛋糕太甜，日本料理又有点贵，最后给小伙伴的答案是“随便点点儿”。

周末在家收拾冰箱，味道大的放进去会串味，不放进去就容易坏；

串味了丢掉太可惜，吃掉又难以下咽……

**因为纠结，很多人的生活一直都是“正在加载”的状态。**

但奇怪的是，你哪来那么多需要你左挑右选、思来想去的事？就算真有这样的事，纠结能解决得了吗？纠结不仅浪费表情、耗损脑细胞，而且还会严重影响你的容貌，不信你就去照照镜子，看你纠结的时候是不是丑爆了！

别人早就不纠结的事，你纠结着；别人早就放下的情绪，你还扛着。你在思考要不要起床的时候，别人已经挎着包出门了；你在纠结这种鬼天气还要不要出门的时候，别人已经做完了第二套备选方案；你在烦恼要选哪条出行路线时，别人已经在目的地拍了两套风景照……

那你凭什么过得比别人好呢？

最酷的活法是：听不懂就问“这到底是啥”，买不起就说“有些贵”，配不上就说“那算了”。但有太多的人，听不懂也点点头，买不起说“我不稀罕”，配不上说“不过随便玩玩”。

该努力时竭尽全力，该玩时尽情撒欢，看见优秀的人欣赏，看到落魄的人也不轻视，有自己的小圈子和小情调；没人爱时专注自己，有人爱时有勇气抱紧对方。

如果你对自己
下不了狠手
就轮到生活对你下狠手
但凡是活得很怂的人
都是因为对自己
太好了

# 仪式感

THEME 63

你整天觉得无精打采，总说日子越过越没劲，对周围的人、事、风景、美食都提不起兴趣。

你抱怨工作太无聊，朝九晚五，尽是重复；你抱怨吃饭太无聊，一天三顿味同嚼蜡；你觉得放假无聊，不是宅在家里发霉，就是出去看人山和人海……你甚至没耐心完整地看一部电影、听一首歌。

以前约个会，你还会花时间去精心准备一番，现在呢，社交媒体上随便一聊，就敢拜把子；微信、微博上勾搭几句，就有胆量去领结婚证。

见了一次面，就敢说“我喜欢你”，聊了三句话，就敢喊“我爱你”。这样的表白和路边摊上促销皮鞋的叫喊声有什么不同？不信你听听：“走过路过，不要错过，厂家直销，超低价格，买到就是赚到……”

人与人之间，一旦交流变得太有效率，沟通变得太过容易，不再需要翘首以盼，或者两两相望，思念、关怀和安慰统统都会迅速贬值。

你的告白和关心变得不稀奇了，你的爱与不爱自然就没什么要紧的了。这也解释了为什么有那么多人怀念从前的那种来往方式，喜欢念“从前慢，车马慢，书信也慢，一生只够爱一人”，也喜欢传统书信里的头一句——“见字如面”。

是啊，什么都图方便、图省事儿，谁还愿意花精力和时间去爱恨情仇，去过年过节呢？

省来省去，很多人的半生就像是活在一天里。这样的活法，怎么可能过得好一生呢？

生活过得索然无味，那是因为过它的人正灰头土脸；生活过得风生水起，那是因为过它的人时时处处事事都充满了仪式感。

强调仪式感不是虚荣心作祟，不是谁没事找事地刷存在感，而是生活本身就需要它，需要它来保鲜，需要它来装点记忆。

因为有仪式感，你才会记得某天的心动、某日的吻、某次闲游闻过的花、某天依偎时穿堂而过的风，以及躺在星空下，某人满脸温柔地说出海誓山盟的情话。

所以我的建议是，越是平凡普通的一天，就越要认真打扮、细心纪念，你精心地过日子，才有可能被生活奉为上宾。生活中的尖刺和成长中的不安，也才会慢慢消融。

越是长大，就越要大肆庆祝过生日，二十六岁的生日要比十三岁的时候了不起一倍以上。你看蛋糕上的那些蜡烛，它们就是你努力生活的证据。

生活越是平淡无奇，就越要嬉皮笑脸地对待它。在这个快被无聊“攻陷”的世界里，正因为你做了一些热情的、无意义的“蠢事”，才显得很好玩！

# 双重标准

THEME 64

你得承认，人的本性就是双重标准。

打个比方。你正在吃炸鸡腿，喝啤酒，然后发了个朋友圈，说“油炸的就是最好吃的食物”。

这时候，有个你不喜欢的人给你留言：“这东西不健康。”你的第一反应肯定是：“关你什么事？吃你家鸡腿了？”

可如果是你喜欢的人给你留言：“这东西不健康。”你的内心戏大概是：“天啊，他在关心我。好吧好吧，我以后再也不吃了。”

又比如说，喜欢的人犯了错误，你会不分青红皂白地原谅他，甚至会主动替他开脱、辩解；而讨厌的人稍有过失，你就会不顾天地良心地鄙视他，甚至诋毁、诬陷。

这种“双标”本性带来的直接后果是，你将那些喜欢听的评论称为好心建议，将那些不爱听的视为抹黑挑事；将那些觉得合理的看成是“事实如此啊”，将那些觉得不合理的认定为“肯定有阴谋”。

所以，看到老师把“优秀学生”的荣誉颁给了成绩不如自己的同学，你就断定好好学习远不如学会讨喜，却忽视了那位同学在平时表现出的过人的组织能力和团队合作的能力。

看到老板把管理的职位给了业绩不如自己的同事，你就以为工作业绩远不如会拍马屁，却忽略了那个同事卓越的社交能力和领导能力。

你觉得自己和蔼可亲，很好相处，其实只是隐藏了真实的自己；你觉得自己顾全大局、做出了很多牺牲，实际上不过是拥有了“忍气吞声”和“委曲求全”的烂品格……

**你随手找了一些看似合理的理由来欺骗自己，可问题是，蒙着眼睛真的能骗了全世界吗?**

我曾见过，自称是“善解人意”的人在有意无意地用言语伤害别人，还满脸的春风得意。

也曾见过，自称是“心直口快”的人在再三强调有着明显错误的歪理，还自认为是在匡扶正义。

还曾见过，自以为“聪明绝顶”的人被并不难看穿的奉承或诱惑所轻易欺骗，还一脸的满意……

所以，请你时刻提醒自己：要清醒!

我所谓的“清醒”，就是只身独行却不会觉得孤独，无人帮扶也不觉得虚弱无力；就是当有人不拿你当回事的时候，你还瞧得上自己；当有人抬举你的时候，你没有太拿自己当回事；就是任凭这个世界如何疯狂、浮躁、纷繁复杂，而你能始终警觉、善良、一尘不染。

# 因为爱情

THEME 65

情感专家提醒我们，爱情是荷尔蒙的产物；生物学家进一步解释说，这种分泌物是有期限的，最长是十八个月。

那么有谁告诉过你，当荷尔蒙用完了，当激情退去之后，爱情是什么？

悲观的答案：是怨声载道，是互相抬杠，是撕去了所有的面纱、光环、装饰之后，看到的另一个赤裸裸的躯体；是拿去情感、学识、教养之后，看到的另一只穿衣服的猴子。

而积极的答案：是两个互相迁就的灵魂，在同一个时空里交换见识、分享观点，是两个独立精神的换位思考与推己及人，是两种不同人格的自我克制与迁就。

要我说，爱情是上天的某种恩惠——你应该感谢在这个自顾不暇的年代尚有幸同行！

那么你呢？陪着你的时候，你总是摆出一副“你快点来讨好我”的姿态，谁愿意爱你到老？跟你聊天的时候，就像是在做“阅读理解”，谁乐意陪你聊下去？

问你想要什么？你气鼓鼓地觉得别人不真诚，要不就是赌气给出两个字“随便”。问你喜欢什么？你扭扭捏捏，半天只挤出来两个字“你猜”。

这些问题的难度无异于，你在心里放了一千多只羊，然后让他找到你心仪的那一只。

别人既要照顾你的饮食起居，又要在乎你的喜怒哀乐，同时还得摸索出来你爱吃哪个菜系、喜欢什么风格的礼物、想要去哪个地方吹风……

比这些更可怕的是，你自己都不知道自己喜欢什么、想要什么。就像你不知道你心里的那一千只羊哪只是自己中意的一样。于是，你今天说喜欢有角的羊，明天说喜欢毛很长的羊，后天说喜欢跑得快的羊，大后天说喜欢长得肥的羊。最终你的答案是：我喜欢那只有角、毛长、跑得快、长得肥的……

在你的眼里，恋人永远都有问题，不是这里，就是那里，反正永远不会是你想要的样子。

詹迪·尼尔森曾说：“遇见灵魂伴侣的感觉，就好像走进一座你曾经住过的房子里——你认识那些家具，认识墙上的画、架上的书、抽屉里的东西。如果在这个房子里你陷入黑暗，你也仍然能够自如地四处行走。”

可如果遇到的是“假灵魂伴侣”，那就刺激了。那情形就像是：你被绑住了双手，蒙上了眼睛，然后推进种满巨型仙人掌的迷宫里！周围的广播在不断地提醒你：只要你足够勇敢、足够有耐心，你一定能找到出口的。

末了，它补上一句关心的话：“亲爱的，祝你好运。”偏偏最重要的那句“后果自负”，它只字不提。

## QUESTION 不怕说谎

如果有一种很精确的测谎仪，
你会把它安装在电话里，或者随身装在口袋里吗？

你数一数今天撒了多少谎？

你相信你的直觉吗？
如果你的直觉认为对方在说谎，你会怎么做？

如果向你保证，你可以得到三个诚实的回答，
你想问谁？问什么？

# 还要怎样

THEME 66

不被人理解，或者理解不了别人的时候，先要把心打开，把话聊开。而不是带着怨念说："嗯，找事的总是我，没办法的总是你"，或者带着情绪喊道:"我错了行了吧""对对对""行行行""好好好"……

在现实生活中，"我都道歉了，你还要怎样？""那就当我错了，行了吧？""真是对不起你了啊,呵呵！"类似这样的话更像是在宣战。

你要么就别道歉，要道歉就最好是真心的。别觉得自己好像道个歉有多了不起似的。

再说了，并不是所有的事情都能通过道歉就立刻解决。谁的身上都没有情绪开关，一摁下去就马上烟消云散。

我多年的研究结果表明:"对不起行了吧"是"对不起"的反义词；"行行行"等于是说"不行"；"好好好"等于是说"不好"；"对对对"等于是说"不对"……

很多误会的产生和加深，就是因为一个没说明白，一个没听明白，两个人就急着表露态度。

你想要表达的可能是一间房子那么多，可你能用语言组织的只

有一张桌子那么多，然后说出口的只有一个抽屉那么多，别人听得懂的很可能只有抽屉的把手那么少了。而对方反馈出来的，却是房门之外的大千世界。

这样的聊天就像是在做“看图作文”题，不出偏差才怪呢！

如果有人误会了你，那是他的错，但你不要拉下你的驴脸，又或者用带有明显情绪化的词语来和他“交流”，以表达你的强烈不满，这样做只会让问题越来越糟。

你真想解决问题，就请用平和或调侃的态度让对方明白“这只是个误会”，结果很可能是，他会加倍地忏悔并改正。简而言之，他是错了，但你不能因为他错了再用“另一种错误”来反击他，这样只会让彼此错上加错。

聊不下去就不聊
你又不是大街上
那个算卦的
唠不出那么多
他爱听的嗑儿

# 平生多识趣

THEME　67

遇到一个热情泛滥的家伙，无异于揽了一件苦差。一是，你需要装出热情来回应他，这会让人非常难受；二是，这种热情消失的速度和出现的速度一样快，这种巨大的落差会让人觉得虚伪。

最赔本的地方是，这种热情既不会产生友谊，也不能交换见识，它更像是一种骚扰，一种侵犯。除了增加联系人名单的长度、影响心情、瓜分时间和注意力之外，毫无益处。

求你帮忙的时候，他可能会说“这事儿不着急，你方便的时候就行”“不用太完美，差不多就行了”，其实是在说，“你得帮我，而且要尽心尽力”。

一旦你真的给了他一个“差不多”的结果，问题就会接踵而来，比如，“这个地方能不能再帮我改一下”“那个地方能不能再帮我优化一下”……

更有甚者，即使你帮了他七分，他也会觉得你不仗义，觉得你应付他，非但不感激你，反而还会觉得你欠他三分。

求人帮忙，你的出发点至少是这样的：一、你们之间有不错的交情，注意，是对方也觉得不错；二、对方可以得到切实的好处，比如你愿意付钱；三、你在努力学习、日日精进，以免在同一个问题上再三地麻烦别人；四、你求助的频率很低，往往是在迫不得已的情况下……否则的话，你看似是占了便宜、躲了麻烦、避了困难，实际却是在不知不觉中变得讨人嫌。

希望同事或者下属转发到朋友圈，作为主导者，你该想着如何让内容更有趣、有效，让转发的人觉得自豪而不是丢脸；你该用尊重、平视的沟通方式而不是指令，更不要用“团队文化”的名义变相地挟持。职场确实需要互相帮助，但也确实没有那么多的举手之劳。毕竟，谁赚的钱都辛苦，谁的时间都宝贵。大家的首要目的是通过脑力和体力来换取报酬，不是来交朋友的。

所以，与其纠结如何“化同事为朋友”，不如保持一个客气、礼貌的距离。趣味相投的，就与他多闲谈几句；话不投机的，微笑着打个招呼即可。

识趣是交往的安全阀。绝大多数关系的崩毁，罪魁祸首就是不识趣。

做你的朋友，偶尔能为你免费，但如果“当你的朋友”就意味着“必须免费”，那你注定会少很多人气。好听的话，偶尔能当钱花，可如果你想用好听的话来为自己省钱，那你必然会少很多财气。

识趣的人该明白，“别人会”不等于“有义务帮我”，“别人有钱”不等于“我可以不还或者晚点儿还钱”，“别人不讨厌我”不等于“喜欢我”，“别人不开心”不等于“非得跟我说”，“别人没有拒绝”不等于“答应”……

世界再怎么互联，也需要“朋友圈可见”，需要“申请访问”；生活再怎么开放，也需要“生人勿近”，需要“少来烦我”。

# QUESTION 吃瓜群众

路上有人吵架，路上偶遇车祸，你会停下来围观吗？

你会主动劝阻或者提供帮助吗？

网上出现了热点新闻，

你会逐条逐条地跟帖、回应或者抨击吗？

如果所有的网络都要求实名制，

你会觉得不自由吗？

# 沉默是金

THEME 68

生活中常常会有这样一类人。

你提了一件不痛不痒的小事，他马上就摆出一副“你怎么可以这么蠢”的神情，然后说一些老掉牙的大道理，试图教育你。

你提出某个新颖的观点，他马上就像是侦探那样快速地“发现破绽”，然后开启“辩论模式”，试图说赢你。

但在你看来，你并没有感受到他的好心好意或者见识的睿智新奇，更多的只是：这个人好像是为“抬杠”而生的。

这类人一般不会发起话题，而更愿意做话题的“抢夺者”或者“终结者”。

不论你聊什么，他都能轻而易举地接过去，然后开始反驳、争论，不论是不是他擅长的话题，他只需听一两句，就马上能得出“这个我早就知道了”或者“你说得不对”之类的结论。

然后，将别人组织的聚会变成他滔滔不绝的个人秀，将本该是轻松的聊天变成他舌战群雄的战场！

其实，普通见面聊天只是交换见识而已，不是抢答题，也不是辩论赛。以嘴碎的方式刷出来的存在感，只会惹来厌烦。学会闭嘴是成年人的美德。

我的建议是，当你做不到“口吐莲花”时，一定要懂得“沉默是金”。主动选择闭嘴的意思是，我并非无言以对，而是不愿在你身上浪费时间，所以等着，等你闭嘴。

**诚心诚意的指点，其目的应该是让人日日精进，而不是让人无地自容。**

有意思的是，把人气得发疯的，可能正是这些口口声声说“我都是为了你好”的人；而那些想要遥控指挥你的人，往往是最不了解你的人。

这些人以“过来人”身份自居，却根本没有意识到：自己的人生经历，其实并不能指点别人的江山。

不知道你们是什么态度，反正我是挺想把这些人绑在草船上去借箭的。

人与人之间矛盾的起因之一是，总有那么几个人，喜欢用高标准指点别人，用低标准要求自己。

所以你总会看到有人给自己的行为冠以“我这是为你好”之名，这能让他们心安理得地对别人肆意干涉，而且他还会用“远见”“格局”和“开明”这类看似高大上，实则是玄而又玄的品格，来为自己的“讨人嫌”做无罪辩护。

哦，对了。如果再有人跟你说“我吃过的盐比你吃过的饭还多”，你一定记得提醒他：盐吃多了，容易得水肿，血管会提早老化，糖尿病和肾病的得病率会大幅增高。

别人数落自己的男朋友、老板或者同事，你也跟着煽风点火；别人吐槽自己的缺点，你也跟着附和。

可你别忘了：别人说“这不好、那不好”，很可能是谦虚而已；你要是跟着说他“真的是这不好、那不好”，更像是在“拉仇恨”。

不要总在那些比你胖的人面前喊着“我要减肥，我要减肥”，不要总在那些比你差一点儿的人面前喊着“我真是没用，太没用了”，也不要总在那些比你穷一些的人面前喊着“我真是又穷又丑，还一无所有”……

真有志气的话，还是建议你去那些比你瘦、比你有本事、比你富有的人面前去喊这些！否则的话，更像是在“臭显摆”。

其实，爱说话没什么，不会说话也没事儿，可怕的是，一个不会说话的人偏偏爱说话。

对这样的人，我只想说：你说话碎得像韭菜，我很介意；你说话比较直，我很介意；你说话很多弯弯绕，我很介意；你嘴巴不严实，我也很介意。你闭嘴的时候，我最喜欢你。

所谓讨喜
其实是讨来烦恼
佯装欢喜

# 所谓讨厌
# 其实是讨人喜欢
# 且百看不厌

# 垃圾人定律

THEME 69

这一种观点认为，有些人就像是一台垃圾车，他们装着情绪垃圾到处走，里面有失望、焦虑、烦躁、挫败感，以及愤怒，当垃圾车装满的时候，他们就需要一个地方倒掉，很有可能就倒在不相干的人身上。所以我们要做的，不是对抗，不是辩解，更不是斗狠，而是要尽可能地远离他们。

两个忠告：一、尽可能不要用自己的那张臭脸，去影响别人的心情和生活，在关系脆弱的年代，所有的克制都值得提倡。二、永远不要拿自己的一时怒气，去纠缠或挑衅"垃圾人"，在仅有一次的生命和难能可贵的好心情面前，所有的退让都无比光荣。

如今的社会，不卑不亢的人很少见，常见的是又卑又亢。

比如，逢人藏不住事，遇事沉不住气，生气又兜不住火；或者轻易就陷入狂喜或绝望的情绪中，嘴里赞美世上的一切美好，心里却藏着阴暗的想法。

不能自控的情绪是可怕的，因为你永远不知道在情绪的挟持下，自己会做什么，会因为哪句脱口而出的话，就被别人否定了你积攒了十几年才积累出来的光辉形象。

所以，难过了就去吃点儿好吃的，或者找个小道跑跑步，伤心了就找个角落小声哭，或者看一部喜剧片。千万不要将自己的那张臭脸公之于众，更不要将怒火撒在最亲近的人身上。

你已经是个大人了，要学会为自己的烂情绪埋单。你需要小心翼翼地发泄，精打细算地缓解，并且争取在最短的时间内恢复正常。

举头望了明月，低头就该整理一下悲伤。

日本作家小津安二郎有一句名言：“高兴就又跑又跳，悲伤就又哭又闹，那是动物园里的野猴子们干的事。笑在脸上，哭在心里，说出的话都是心里话的反义词，摆出的脸色都是内心情绪的反面，这才是真正的人类。”

是的，控制情绪不叫虚伪，而是尽可能地少让自己丢人现眼。至于那句经典的“一切都会过去”的安慰,对健忘的人来说确实如此。但不见得对你有效。因为发生的事情会一直存在着，会明明白白、清清楚楚地记在账上。

所以，越是情绪糟糕的情况下，就越要远离社交，因为你任意一次的口无遮拦，都将成为你出糗或悔恨的呈堂证供。

如果争吵可以解决问题，那么泼妇一定是个高薪职业；如果靠吼可以搞定一切，那么驴将统治世界。

别再说什么“一个人思虑太多，就会失去做人的乐趣”，我想提醒你的是，待人处事如果不过脑子，你就会失去做人的资格。

你可以强调“彪悍的人生不需要解释”，但也别忘了：彪悍的人生需要“后果自负”。

# QUESTION 推心置腹

友情对你而言意味着什么?

如果你要成为对方的密友,有什么事是他需要知道的?

说出 3 个含有“我们”并且符合实际情况的句子,

比如“我们现在都在这个房间里”。

完成这个句子:“我希望可以跟某个人分享 _________。”

告诉对方,你现在喜欢他或她什么地方。

有什么事是绝对不能开玩笑的?

如果争吵

可以解决问题

那么泼妇一定是个

高薪职业

如果靠吼可以搞定一切

那么驴将统治世界

# 好刀应在刀鞘里

THEME 70

好人有好报吗?

我不确定。但我可以确定的是:我不想做个铁石心肠的“聪明人”。我并不期待成为流芳百世的那种善人，我只想在我力所能及的范围之内，做个心安理得的普通人。

**我选择善良，选择看似笨拙，并不是因为听信了“好人有好报”或者“傻人有傻福”，而仅仅是因为我坚信:这么做，是对的。**

很多人不是不愿意相信世间的真善美，只是因为有一些丑恶的现象被口口相传，以至于心生怀疑。于是，很多人都选择了将自己的善良锁进保险柜里，以此来预防上当被骗，以此来保全自己“聪明人”的人设。

结果呢?你学会了如何预防上当受骗，变成了铁面无情的人。我只是比较担心，当你习惯了用这副铁石心肠来对待陌生人，对待这个世界之后，你会不会在不知不觉中也这样对待自己的亲朋，甚至是你自己。

有些规则，别人都没遵守，你遵守了;有些别人都认为丢脸的事情，很多人都没做，你却做了……这些并不代表你错了。

“普遍现象”不等于“它很正常”，“多数意见”不意味着“它是对的”，就好比说，不是所有的花朵都适合生长在肥沃的土壤里。

说到底，善良是你的选择。表达善意是一件很快乐的事情，不要因为旁人的态度而让它变得沉重。借特蕾莎修女的话说：“这是你与上帝之间的事，而绝不是你和他人之间的事。”

你最该遵循的，不是别人的意见，而是自己的良心。

来，和我一起说：“那些影响我做好人的‘聪明人’，请你离我远一点儿，你丑到我了。”

**生而为人，请务必善良，不要被别人的黑暗同化得不剩一丁点儿光亮。**

你不能用邪恶的招数去搞定邪恶，就像谬论不能说服另一个谬论。用错误的手段去惩罚做错事的人，就像是在抱薪救火；用不道德的方式去维护道德，就如同饮鸩止渴。

对待那些确实做错了事的人，如果你的“恨意”太足了，言谈举止超出了道德乃至法律的范畴，那么就不再属于正义，而是变成了另一种祸乱。

你表现得锋芒毕露，并不是惩恶扬善，而是在惩恶的同时也扬了恶。这种所谓的正义就像是出了鞘的刀，锋利无比，但常常会误伤他人。

黑泽明说：好刀应在刀鞘里。

# 只是单身不是狗

THEME 71

失恋是一场独自的战斗，你可以找人倾诉，但终归要自己承受。别想跳过失恋这个关卡，直接跳过去就意味着，你那些辗转反侧的夜都白熬了，你那些撕心裂肺的痛都白挨了，你那些倔强又酸涩的眼泪都白流了。

也不要想着用一段新恋情快速地将自己从失恋的坑里拽出来，可能发生的严重后果是，你会快速地掉进另一个坑里。

你要试着反思和分析，直到你心里越来越明白“恋情失败”的诸多原因，直到你越来越接近那个你不愿意承认的真相。

反思能让你明白，没有什么不能失去的东西，除非自己还不够忙；没有什么无法拥有的恋人，除非自己还不够优秀。

你要借机去做一回披荆斩棘的英雄，而不是等着别人来关心呵护的小朋友。

莎翁的《暴风雨》里有句特别经典的话：凡是过往，皆为序章。有勇气去变成某个人的过去式，这才称得上“长大了”。这样的你，就不会再对上一段关系耿耿于怀，也不会对下一段感情草木皆兵。

早晚有一天，那个你曾以为“非他不可”的人，终会变成“不过如此”的人。

命运就是这样来找平的。那些尊重你、守护你的人教会了你温柔、善良、仁爱和信任，而那些伤害你、辜负你的人让你明白这个世界是有瑕疵的。

遇人不淑，放手就是进步。越是苦苦纠缠，就越是罪孽深重。

与品行有问题的人谈恋爱，注定只有一个结局：只有好聚，没有好散。

再多的怦然心动，也抗衡不了谎话连篇的折磨；再大的美好期盼，也抵不住一拖再拖的消耗。

所以，不要再一把鼻涕一把泪地追问“我在你心里到底算什么”，真实的情况是，你早就不在他心里了。

不要再强调自己“付出了那么多，牺牲了那么多”，现实生活是，如果你背着过去过日子，那和画地为牢没什么区别。

作家刘瑜曾说过：尊严是和欲望是成反比的。你想得到一个东西，就会变得低三下四，死皮赖脸，而当你对眼前这个人、这件事无动于衷的时候，尊严就会在你心中拔地而起。

一辈子那么长，如果遇见一个人需要花光你所有的好运气，那真的不如一个人去过好运连连的生活。

这样的你，会开心，会有钱，会很棒。

来来来，和我一起说：“那个花心大萝卜，以后你每一次结婚，我都衷心祝你幸福！”

所以，死掉的爱情，就让它入土为安吧。正确的做法是，早睡早起，把注意力放在变可爱、变好看、变有钱上。早睡能避免 90% 的多愁善感和 99% 的手欠，而早起能带来 80% 的元气和一半以上的好心情。

当你不再计较，不再自责，不再表演，不再关注，你就会慢慢觉得好一些。没有了注意力的情绪早晚会消失的，就像不浇水的花自然会死掉。

可能挺一两个星期，你的心口就没那么疼了；可能挺一两个月，你的工作就开始有起色了；可能挺半年，你对异性就又有了感觉。愈合的过程越缓慢，康复得就越彻底。

而且你会慢慢意识到：有些人能够遇见，只能算自己倒霉；有些人能够错过，真的要谢天谢地。

在感情的大门口，你要时刻准备好“入场的礼仪”和“退场的姿态”。

切记切记，你只是单身，不是狗。

别和坏人比坏
坏是没有下限的
别和傻瓜比傻
傻是会传染的

# 惯性思维

THEME 72

很多人的惯性思维和做法是，将自己付出的努力乘以 N 倍，去要求最好的结果；将自己受的苦与累乘以 N 倍，去索要最大的补偿。

于是，锻炼了一个下午，就想要个好看的身材；努力了一个星期，就想要个好看的分数。

对别人好言好语了几天，就要求对方爱自己一辈子；挑灯夜战了几回，就向命运索要一个无限完美的明天。

这都是不合常理的奢求，实际的情况是这样的：

你去了几次健身房，并不会拥有模特般的身材，它只能让你在近期有一个不错的精神状态，或者安然地躲过一次流感。

你努力工作，并不等于你能取代你的上司变成公司的顶梁柱，它只能让你在公司的处境相对好过一些，或者在会议室里多一点发言权。

你献了几次殷勤，并不足以击退情敌们，它只能让你在此后的竞争中多一点点胜算，或者让你的男神或女神多回复你几次。

你读了几年书，并不意味着你比旁人见识高明，它只能让你在下一次的争辩中，有主见而不再人云亦云；在下一次的抢购风波中，有独立的判断而不是像只惊弓之鸟。

你背了成千上万个单词，并不能保证让你成为口才一流的外交官，它只能让你顺利地拿到考试证书，或者翻阅某本专著时，能够找到自己需要的数据；又或者拿到进口的化妆品时，不会把眼霜抹到脸上。

# QUESTION 骨肉至亲

在你所有家人当中，谁对你的打击最大？
谁对你的鼓励最大？为什么？

你的家庭关系亲密温暖吗？
你是否觉得自己的童年比大部分人快乐？

如果你知道你的某个亲人会在三个月之内去世，
你会做些什么？

你的房子起火了，你所有的东西都在里面。
在救出所爱的人和宠物后，
你还有时间可以安全地抢救出最后一件东西。
你会拿什么？为什么？

# 差不多

THEME　73

在很多时候，“差不多”的含义是，差一点都不行。

一个人对生活、工作、感情的态度越来越差，往往都是从“差不多”开始的。

问工作的进度，你的回答永远是“差不多了”，问你的旅程安排，你的答案里永远有“大概”“可能”“也许”……你轻而易举就把别人的心系在桅杆上，再悬起来。

可你别忘了，“差不多”这三个字从你嘴里蹦出来的瞬间，已经将你的不靠谱、不专业暴露无遗。

你用差不多的努力，学差不多的本事，做差不多的工作，爱差不多的人，混着差不多的一生。

问题是，你不是不能得到满分，而是认为及格就行了。这就意味着，命运不是不能给你高配的人生，而是你的努力只够拥有低配的生活。

“差一点就成功了”等于“失败了”，“差一点就牵到她的手了”等于“错过她了”，“差一点就能在一起了”等于“没机会了”，“差一点就及格了”等于“不及格”……

“差不多”很容易，“一点都不差”却很难，而这能区分出平庸和卓越。

你和别人都差不多，都希望瘦一点儿。于是你的微信头像上写的是“不瘦十斤不换头像”。然而，你一用就是好几年。其间逢人就说，“我是易胖体质，喝水都长肉，烦死了”。可事实呢，你根本就不是喝水长肉的“易胖体质”，而是吃完一堆东西，掉头就忘了，于是误以为只是喝了几口水的“健忘体质”。

你和别人都差不多，都希望能够有所改变。于是别人简单地写了“克制”两个字就消失了，直到有人告诉你，他上了北大清华。而你呢，你在新年或生日的时候列出一大堆的计划和愿望……然而，仅仅过了三四天，来势汹汹的努力激情，又都“去”势汹汹地冷却了；准备洗心革面的新的一年，又顽固不化地变得和去年一样了。

原来，你所谓的“新年新气象”，只是“新年一嚷嚷”；你所谓的“长大了一岁”，仅仅意味着“衰老了一些”；你所谓的“总有一天”，就是变相地告诉大家，“我永远不会”。

今天偷一下懒，下个月再拖延一下，那么你想要的人生和你能拥有的人生将会是天差地别的。所谓“低配人生”，无非是“无数次降低要求”的总和。

这个地方较真一点儿，那个问题严谨一下，那么再普通的人生也会大有起色。所谓“天赋异禀”，实际是“无数次锐意进取”的叠加。

怕就怕，曾经说“‘八’字没有一撇”的事情，现在变成了“‘馕’字没有一撇”的事情。

我想说的是，每个年纪都有与之对应的重要的事情，每一件事都需要你脚踏实地去落实，无一例外，也无人能幸免。学生时代就搞好学习，恋爱季节就真心待人，职场岁月就尽心尽责。你要明白自己当前的首要任务是什么，然后做好它。这样的话，你才有可能在下一个年纪里随心所欲，在更高的层次里如鱼得水。

所以，即使有人告诉你，用六分努力就能蒙混过关，你也得做足十二分的准备，而不是在仅有两三成准备的时候，就侥幸地赌上一把。

所谓高枕无忧，其实都是准备充分。

你与别人拥有一个差不多长度的人生，因为别人用心，而你马虎，所以到了最后检验成果的时候，别人功成名就、得偿所愿，而你除了耗光这一生之外，一无所获。

所以，不要再轻信“如果事与愿违，一定是另有安排”这样宽心的话了，你该警醒一点儿，如果事与愿违，就要反思，一定是自己有什么地方没做好。

拜托拜托，别再让你的年初计划，变成了年终的笑话。

# QUESTION 聪明绝顶

如果你能成为世界上最聪明的那拨人，

但代价是你不会再有幽默感，

而且不会觉得任何东西是有趣的，你愿意吗？

所有你此时此刻的
手忙脚乱
都是因为这件事
开始得太晚了
是的，所有事

# 弱者思维

THEME　74

什么是弱者？弱者就是自己不好意思开口，却总希望别人能来问一问。

口口声声说自己不想麻烦别人，却时时事事都在麻烦别人，看似是在尽量避免麻烦别人，但实际上是希望享有“别人来帮自己”的权利，却不愿承担“感激或者回报”的义务。

弱者永远有一肚子的正义和委屈，他本身没有什么值得骄傲的资本，却要表现出张牙舞爪的姿态，以此来掩饰内心的孱弱和底气的不足。

他喊了一百句狠话来表明“我不是好惹的”，却做了一百件事情来提醒别人，“快来同情我吧”。

明明应该反思“我是不是哪里做得不好”或者“我会不会是做错了什么”，结果变成了“A 这几天对我很冷漠，肯定是有人在背后说我坏话了！”“B 说要请我吃饭，是不是做了什么对不起我的事情！”“C 送了我一盒巧克力，哼，无事献殷勤，非奸即盗！”

带着这样的心态待人接物,别说增进感情了,不拉黑屏蔽这些“坏人”简直就对不起自己的“超强逻辑”。

要我说，真不是你的脑洞太大了，而是你的漏洞太多了。

弱者往往容易患上“被迫害妄想症”。体现在感情里是喜欢捕风捉影，体现在生活上是容易草木皆兵。

明明可以用“我想你了”和“我又想你了”来表达的，结果变成了“你今天那么忙，微信都不给我发一个？”“三个电话都没接，跟谁在一起啊？”然后开始想象：对方最终会怎样圆谎，会露出哪些破绽，和他约会的那个人会不会是他的前女友。

等到对方拖着疲惫的身体回到家了，别说准备晚餐了，不大吵一架简直对不起自己这一整天跌宕起伏的内心戏。

我的建议是，凄凄惨惨的时候不要“叽叽歪歪”，而是要悄悄地努力，悄悄变厉害。

之所以要“悄悄”，是为了让自己少丢几次人，少闹几次笑话。而所谓“变厉害”，就是你所面临的问题和困难几乎都在你的才华之下，所以你不需要曲意逢迎；就是你身处其中的生活和感情几乎都在你的掌握之中，所以你不需要小心翼翼。

别人待你好，你要加倍努力，以期他日有能力了，去知恩图报；别人待你轻薄，你更要争气，以期有朝一日可以扬眉吐气。

# 人云亦云

THEME 75

听到 A 对 B 的怒斥，你就判定 B 是个浑蛋；听到 B 对 A 的反驳，你开始觉得 A 是个骗子；听了 C 的点评，你又觉得 A 和 B 都不是什么好东西。

听到商家广告说："为自己的喜欢变穷，是一种光荣。"你信了，电子产品、包包、衣服、鞋子……当你用光了存款，刷爆了信用卡，之后才发现，光荣没怎么感觉到，穷酸倒是挺刻骨铭心的。

出现了热点事件，你不加思考就跟风乱说一气，随大溜去抨击或者感动，最后才发现，剧情的反转速度不亚于体育课上的折返跑。

我想提醒你的是，在信息爆炸的年代，谎言与谣言齐飞，若是缺少主见和思辨的能力，脸会被真相打成紫色。

你可以什么都听，但不要什么都信；你可以随心所欲，但不要随波逐流。你的内心再强大一点，就不会听风就是雨；知道的事再多一点，就不会人云亦云。

勒庞在《乌合之众》中写道："人一旦走进了群体，智商就会严重下降。为了获得认同，你会放弃自己的主见，用智商去换取让人备感安全的归属感。”

比如说，某一阵子流行“岁月静好”，你就去学诗词歌赋，研究柴米油盐酱醋茶，然后往自己的热血里加冰，还不忘贴一个文艺的标签，叫“活在当下”。

过一阵子流行“再不疯狂就老了”，你就开始躁动，在感情里劝自己敢爱敢恨，在生活中劝自己“酷一点、狠一点”，并美其名曰“要做自己”。

又比如说，你熟记了微博里的大 V 们提供的交友法则，试着变得热闹、可爱，试着结识新的朋友，可敲了一圈人的心门，发现还是自己一个人待着舒服。

别人说“十八岁是一个特别的年龄”，你也那么说，后来却发现，十九岁、二十岁、三十岁……每一个年龄都特别。

你读了很多成功人士的故事，试着按照别人的成功指南去成功，可除了碰一鼻子灰，你跟成功还是没有半毛钱的关系。

年轻的时候，大家都以为自己很有主见，但事实恰恰相反。因为你前二十年已经习惯了听话和安排，习惯了盲从多数人的意见，以及喜欢起哄和凑热闹，所以你既不擅长分辨，也不会识别，更没有“到底要成为什么样的人”的主见。

于是很多人的青春不过是在重复两件事：用别人的脑子来思考自己的问题，用自己的嘴巴去解释别人的人生。

看到电视剧里流行某种时尚的发型，你就毫不犹豫地跳上时尚的流水线。结果呢？脑袋里的东西越来越少，脑袋上面的花样越来越多。

听着别人的召唤“要做一个明媚的女子，不倾国，不倾城，只倾其所有去过想要的生活”，结果呢？确实没有倾国倾城，倒是倾家荡产了。

判断某件事情的对错，你参考的是做这件事情的人数的多少，只要做的人多，那这件事就“好像是对的”；判断某件商品的优劣，你依赖于榜单上的排名，只要排名靠前了，那这件商品就“应该很不错”。

判断一个电影值不值得看，你依赖于评分、点击量或点赞量，只要喜欢它的人很多，那么“我也能喜欢它”；判断某个人值不值得关注，你依赖于他的粉丝数量，只要数量庞大，那么“他应该很有才华”。

所以你特别喜欢这样的提示：95% 的人使用此软件，95% 的人禁用此功能，95% 的人选择此样式，95% 的人购买此商品……

原来，你所谓的选择，只是顺从了多数人的意见；你所谓的思考再三，只是再三整理了自己的偏见。

# 不管怎样

永远不要蓬头垢面地

面对这个世界

你那么怂那么孬

难道还想让世界

为你堆满笑容

## QUESTION 热情有限

你上一次对学习或者工作充满热情是什么时候?

这种热情对你意味着什么?

你上一次对生活充满希望是因为什么?

你目前学习或者工作的动力是什么?

持续了多久?

## QUESTION 交换人生

这个世界上有你非常羡慕的人吗？

就是迫切想要和他交换人生的那种羡慕。

如果对方了解你的全部生活之后，

你觉得他会跟你交换吗？

请你列出你目前的生活中吸引人的地方。

# 嘘寒问暖

THEME　76

“改天我请你吃饭”“改天我去看你”“等我有钱了”“等我有时间了”……

你被这些话糊弄过吗？又或者你拿这样的话糊弄过别人吗？

本来，被人记得，被人在乎，以及得到承诺，这都是让人高兴的事，但如果你每次都把时间定在“改天”或者“下次”，你所有的承诺都需要无限期“等”，那么对方能够得出的结论仅仅是，你毫无诚意。

你别忘了，失信就是失败。

别人一旦不信任你了，那么不论你做怎样的补救，他都会觉得你是在玩套路。

真心要见面，就想好了再说，具体到哪天，几点，哪里，和谁。否则的话，与其装得热情满满，不如一早就省掉寒暄。

你所谓的“改天请你吃饭”，更像是在说“今天可以就此打住了，可以挂电话了”。

你所谓的“下次好好聚聚”，只是意味着“这次碰面可以结束了，可以转身然后头也不回地离开了”。

你所谓的“等以后再说”，只是在表明“今天不想继续讨论了，你自己看着办吧”。

让人觉得寒心的事无不与“改天”“下次”和“等”有关。一说“改天”就时过境迁，一说“下次”就音信全无，一说“等”就物是人非。

切记，这世上所有的久处不厌，都是因为走心！

世界上最没用的东西大概就是“不去兑现的承诺”，它一不需要成本，二没有技术门槛。就像是在嘴上安了一台印刷机器，不限量、无间歇地印制各种各样的保证书。

可问题是，一旦诺言许得轻而易举，真心就显得一文不值。

这和你发现还有两个星期就要考试了，然后对自己说，“明天要做一套真题”；或者是意识到肚子上的“游泳圈”已经损害到自己的气质了，然后发誓说，“下个月要瘦二十斤”等都是同样的道理。

说一说“我要努力”是为了安抚一下自己的良心，喊几句“我要减肥”是为了吓唬吓唬身上的赘肉。仅此而已。

等他订好了餐厅，你再相信他是真的想请你吃饭；等他在你有麻烦的时候出现在你面前了，你再相信他是真的关心你；等他在大是大非面前坚定地站在你的立场上了，你再相信他是真的想跟你到白头。你得小心一点儿，因为有的人寂寞了，连自己都敢骗，更别说是你了。

真心的检验标准，不是说了多少，而是做了什么。都是大人了，别指望拿一把假钥匙打开谁的心门。

## QUESTION 扪心自问

你希望你的恋人非常优秀、非常好看、非常富有吗?

如果希望,

那么你觉得你有哪些优点能够让她一心一意地爱你?

你觉得自己配得上那么完美的人吗?

# 倒数计时

THEME 77

如果我没猜错的话，很多人长这么大还能够使出来的“超能力”，就是“让父母超级生气的能力”；而传说中“成长的烦恼”，竟然是“你长大了，然后你的父母烦恼了”。

把那双懒得刷干净的准新鞋扔进垃圾桶里，你连眼睛都不眨一下；把每个月准时到账的生活费用在请朋友胡吃海喝上，你显得特别慷慨；在美发店里一掷千金，你觉得自己美翻天了；跟恋人怄气吵架将新买的手机当废物一样摔成渣，你觉得特别解气……

你认为自己很率性、很真实、讲义气，视金钱如粪土，可事实上，只是因为花的不是你的钱，所以你根本就不知道什么叫心疼。

你没有做过早出晚归才赚到一百块钱的兼职，你就不会理解为什么妈妈要到更远一点儿的菜市场去买菜；你没有尝过工资交完房租就所剩无几的生活，你就不会明白为什么爸爸那么执拗地要留着那些剩菜残羹；你没有经历过生一次病就花光了整年积蓄的难处，你就不会懂得为什么爸爸妈妈会没完没了地提醒你“注意身体”和“节制花钱”……

可你呢？总盼着远离父母，“越远越好”。

你赶着长大，赶着出门远行，赶着寻找人生的意义，赶着跳出父母的循规蹈矩，赶着向父母宣布："我和全世界是不一样的。"也赶着向全世界宣布："我才不要活成父母想要的样子。"

结果真到了这一天，你和父母真的隔着山河湖海的时候，才幡然醒悟，原来世界上能够不计成本地爱着自己、惯着自己的人，也只有父母了。而此时，他们却老了，老得走路都踩不出声音了。

在你质疑父母"为什么总是替我安排一切""为什么总是操那些没用的心"的时候，你先要问问自己："平时的生活可曾让他们放心过吗？"

你啊，只不过是羡慕自由，却不靠谱；自以为独立，却不成熟。

你只是贪图"想做什么就做什么"的自由，却没有"计划做什么就做成什么"的先例。那你凭什么叫父母放心地把人生的方向盘交给你？

最没良心的活法莫过于，因为一点儿不满，就忘了他们所有的好，然后一边依赖，一边嫌弃。

你能依赖他们多久呢？一切正常的情况下，你最多能厚脸赖着他们到十八岁而已，之后你就得靠自己了。

作家郑渊洁曾说："人和其他物品一样，是有保质期的。人的保质期是十八年，十八岁之后还靠父母的，属于残次品。"

你能嫌弃他们多久呢？一切顺利的前提下，除掉你学习、工作、娱乐、成家立业的时间，你可能只有几百天能见到他们了。

他们还能做出什么招你嫌的事情呢？无非是，在电话里让你保重，给一些在你看来是"瞎操心"的建议。然后一边垂垂老去，一边盼你回家。

做子女最容易犯的错误，并不是没有时间陪伴，也不是缺乏孝心，而是以为，父母会永远都在。

欲成大树
莫与草争
将军有剑
不斩苍蝇

# 笨蛋的样子

THEME 78

没有人可以一世无忧，也没有人能够一帆风顺。

不论你多么聪明也不能避开世间所有的烦心事，不论你有多大的本事也不能解决全部的麻烦。所以偶遇几个讨厌的人、遭遇几件烦心事是难免的。

楼上四岁半的小屁孩不会因为你想要休息就马上变得静悄悄，卖票的大婶不会因为你心灵美就给你好脸色，排队的人不会因为你守了秩序也跟着规规矩矩，朋友不会因为你诚实守信就对你一言九鼎，亲人不会因为你有难言之隐就全然地理解你……

遇到这些难搞的事情，生气可以，但一定要努力闭上嘴，因为你永远不知道自己说的气话会有多可笑。

“气话”有什么用呢？无非是，看着别人做了蠢事，你却卖力地替他表现出笨蛋的样子来。

所以在离开的时候，别把门摔得太狠，因为你有可能还要回来；当意见不合的时候，别把话说得太绝，因为你还有可能会后悔。

多一分忍耐，就少几次后悔，就多几个台阶；少撂几句狠话，就少一些难堪，就多一些余地。

这样的你才会显得沉稳。明知道他不喜欢自己，你也不会因此上火；就算他刻意讨好，你也不会和他走得太近。

这种让人羡慕的“沉稳”是旁人理解不了的。他们没有在孤独里泡过，没有在热闹里烫过，他们能够看到的只是你肝肠寸断和狼烟四起平息后的安然。

**当你回顾一天，发现自己控制住了“想说废话”和“想说蠢话”的欲望，并在快要吃撑之前就自觉地放下了碗筷时，你就会觉得生活充满了侥幸，并且更加踏实。**

反正我前半生的人生经验中，个人认为最重要的一条是“别把自己太当回事”。很多人一辈子都无法逃出这样的魔咒：自命不凡，却又无足轻重。

QUESTION

# 不敢尝试

对于那些你从未做过的事情，比如蹦极、攀岩和潜水，

你是越来越想尝试，还是越来越不敢尝试？

坦白地说，你觉得自己能活多少岁？

如果真的如你所猜，这个寿命会影响你的人生规划吗？

# 很高兴不认识你

THEME 79

所谓“交际”，其实就是让人觉得舒服、觉得被尊重。

所以，你的问题是不会把人逼到要么尴尬、要么撒谎的地步，你的关心和评论是基于充分了解事实、充分体谅别人。

所以，你不会在别人吃饭的时候聊血腥的电影，在别人憧憬美好明天的时候说未经证实的负面新闻；不会在别人用心备考的时候大谈规则的不公和环境的黑暗，更不会在别人甜蜜婚恋的过程中频繁提及单身主义。

如果你没有经历别人的人生，就烦请你不要妄加评说；如果你从来都没想过积点儿口德，那你就不要怪世界待你刻薄。

凡事多一点儿敬畏，才有可能建立一个好一点儿的口碑。而且你永远不知道，你的随口一说，很有可能就是压死骆驼的那根稻草。

和好好说话的人在一起，内心的感受是“我们站着，不说话也十分美好”，可如果是跟不会说话的人在一起，心里话就变成了“我们站着，永远不说话，才十分美好”。

换个角度来说，当一两个人说你情商低的时候，你可以猜测“是不是有人在针对自己”。但如果你发现越来越多的人都在指责你情商低时，请你一定要认真地反省一下，而不是怀疑“会不会是现在的骗子越来越多了”。

当一两个人说你嘴欠刻薄的时候，你可以不在意，但如果越来越多的人都因为你的刻薄而厌恶并远离你，请你首先从自身去找原因，而不是抱着谜一样的自信去质问别人 ：“为什么有人可以忍我，而你不能？”

一个人最大的失败不是无人问津，而是稍微和你有过交集的人都觉得庆幸——庆幸自己不认识你。

# 显微镜下的爱情

THEME 80

如果成年人恋爱有指南的话，最重要的一条应该是：心里要有点儿数！

都是大人了，谁都不是傻子，你的小心试探和种种套路很容易被识破的，如果他没有很热情地回应你，就相当于是委婉地拒绝你。至于那些拿来说服你自己、说服死党和闺密、用来证明“对方其实是对自己有意思”的蛛丝马迹，拜托你不要逢人就说了。

残酷的真相是：只有那些为非作歹却又拒不承认的事情，才需要用蛛丝马迹来确认。

所以，不要编造谎言来麻痹自己了。什么“也许他不想破坏我们的友谊”“也许他害羞”“也许他不知道怎么联络我”“也许他正在忙正事儿”……

真实的情况是，除非他不想找你，否则的话，在通信方式如此发达的今天，他不可能找不到你的联系方式的。

除非他就是不喜欢你，否则的话，在你敏感、真诚、热烈的关注之下，他不可能把爱意藏得那么深。

需要用显微镜才能看见的爱情，不是微不足道，就是根本没有。

想对一些女生说，男生喜欢身材好、爱打扮的女生没什么不对的，如果他们喜欢明眸皓齿、秀外慧中的女生，你不是一样没机会？你该不会是以为，男生就得喜欢你这款才叫有品位吧？

想对一些男生说，女生喜欢颜值高、说话有趣的男生也没什么不对的，如果她们喜欢腰缠万贯、学富五车的男生，你不是照样没机会？你该不会是认为，女生就得喜欢你这样的才叫有眼光吧？

好看、聪明、风趣、雄心勃勃或者技压群雄，如果你一项都没占上，就别怪他人瞧不上你。

不要告诉我，你最大的优势是："我是个好人。"

怕就怕，你喜欢的那个人，最初是没有择偶标准的，却因为认识了你，居然知道了"什么类型的不能要"。

怕就怕，你中意的盖世英雄，趁着哪天心情好，披上了金甲圣衣、踩上了七彩祥云，却是来和你擦肩而过的。

# QUESTION 拉仇恨

如果你是女生，

请问你如何看待男朋友跟别的女生吃饭这件事？

如果你是男生，

请问你如何看待女朋友跟别的男生吃饭这件事？

不主动
就会被动
不清醒
就会被惊醒

你若不去将勤补拙
就是变相
授人以柄
羊群若是漫不经心
只会让狼群
特别开心

# 贫穷使人安分守己

THEME 81

你说“不喜欢谈钱”，说“谈钱伤感情”，可现实情况是，没钱才伤感情。

你说“要及时行乐”，说“人生不是只有钱”，却忘了这是有闲又有钱的人才有资格讲的话。

你说“长大很扫兴”，说“活着没意思”。可事实上，不是长大没意思，也不是活着没意思，是穷着没意思。

你年轻的时候喊“莫欺少年穷”，中年的时候开始喊“莫欺中年穷”，到老了又喊“莫欺老年穷”，最后再来一句“死者为大”，你这辈子也就这样心高气傲地过完了。

在最容易了不起的年代，你只能眼睁睁地看着别人了不起；然后在最容易赚钱的年代，成了最容易被别人赚走钱的人。

于是，在为数众多的省钱妙招中，你最常用的一招是“不买了”。于是，听着服务员报完账单，问你是现金还是刷卡时，你恨不得问一句：“能刷碗吗？”

于是，从来没有机会去体会“有钱真好”，却常常无奈地说：“有钱，就好了。”

你抱怨团购的体检服务太差，却忘了当初的首要目标是“尽量少花钱”；你数落朋友待你轻薄，却忽视了在交际中与人礼尚往来；你哀叹无法用金钱买到幸福，却忘了自己其实并没有什么钱……

你在离家几千几百千米远的城市里打拼，本是个无拘无束的人，却常常选择了“宅”。不是因为没有朋友，不是因为性格内向，不是讨厌热闹或者讨厌都市生活，常常只是因为“没钱”而已。

你看，贫穷使人安分守己。

钱确实不是万能的，但不争的事实是，钱可以轰掉生活中半数以上的拦路石。

当你遇到喜欢的人的时候，你有足够的底气去表白；当你不准备结婚的时候，你有信心等等看、慢慢挑，敢把催婚的话“怼”回去。

当你的爸妈渐渐老去的时候，你有时间和机会尽孝；当你看到喜欢的东西时，你有机会马上拿下它。

当你受够了老板的气的时候，你有胆量说“我不干了”；当你被生活折腾得疲惫不堪的时候，你能够随时开始一场说走就走的旅程。

而不是，明明喜欢这件衣服，却不得不买另一件更便宜的；明明喜欢这份美食，却不得不点另一份有优惠券的；明明对这款包包喜欢得挪不动脚了，却不得不狠心地忘了它；明明早就想去旅行了，却不得不一次又一次地找借口说“等有时间了”；明明已经气得满屋子砸东西了，却不得不小心地避开所有值钱的东西……

前半生再安逸、再放肆，下半生还是要靠金钱、靠本事。

金钱就像是包裹这个功利世界的脂肪，它能帮你缓冲厄运的打击、减少失望、降低伤害，甚至能帮你留住亲人与爱人。

一旦你的钱包瘪了，你就会迅速地感受到来自贫穷的悲哀。

你已经是大人了，不要想着到处找遮风避雨的屋檐了，你得成为屋檐！

## QUESTION 艾特老杨

老杨的猫头鹰在微博里用文字写了一幅自画像：

“一米五的身高，一米三的脸；长得不好看，还爱翻白眼；人是好人，嘴不正经”

请随手画出来，然后去 @ 老杨的猫头鹰一下。

图书在版编目（CIP）数据

醒脑之书 / 老杨的猫头鹰著．—北京：现代出版社，2019.12
ISBN 978-7-5143-7760-6

Ⅰ．①醒… Ⅱ．①老… Ⅲ．①成功心理－通俗读物
Ⅳ．① B848.4-49

中国版本图书馆 CIP 数据核字（2019）第 068561 号

**醒脑之书**

| | |
|---|---|
| 著　　者 | 老杨的猫头鹰 |
| 责任编辑 | 杨学庆 |
| 出版发行 | 现代出版社 |
| 通信地址 | 北京市安定门外安华里 504 号 |
| 邮政编码 | 100011 |
| 电　　话 | 010-64267325　64245264（传真） |
| 网　　址 | www.1980xd.com |
| 电子邮箱 | xiandai@vip.sina.com |
| 印　　刷 | 吉林省吉广国际广告股份有限公司 |
| 开　　本 | 880×1230　1/32 |
| 字　　数 | 158 千字 |
| 印　　张 | 9.5 |
| 版　　次 | 2019 年 12 月第 1 版　2020 年 8 月第 3 次印刷 |
| 书　　号 | ISBN 978-7-5143-7760-6 |
| 定　　价 | 58.00 元 |

篇 篇 有 毒 句 句 戳 心

# 醒脑之书

老杨的猫头鹰 _ 作品

《最怕你一生碌碌无为，还安慰自己平凡可贵》

《姑娘，脱贫比脱单更重要》

《好看的皮囊千篇一律，有趣的灵魂万里挑一》

《常与同好争高下，不与傻瓜论短长》

《醒脑之书》